예배가 보이니
삶이 보인다

예배가 보이니 **삶**이 보인다

초판발행　　2023년 9월 30일

지은이　ㅣ정종원
발행인　ㅣ박철순
발행처　ㅣ워쉽빌더스 출판부 (2015.04.24.제406-2015-000062호)
주　소　ㅣ경기도 파주시 송화로13,105동 404호(아동동.팜스프링아파트)
편　집　ㅣ김명환
인쇄처　ㅣ영신사
판　권　ㅣⓒ 워쉽빌더스
ISBN　ㅣ979-11-955354-6-0　03200

예배가 보이니
삶이 보인다

정 종 원

W

예배를 세우는 사람들

CONTENTS

CONTENTS

내가 아는 정종원 교수는 성령을 사모하는 예배자입니다. 성령께서는 예배 가운데 의지와 소망의 줄을 팽팽하게 하십니다. 정종원 교수는 개혁자입니다. 개혁자들이 개혁할 때, 예배 개혁부터 시작하였듯이, 예배를 날마다 새롭게 개혁하는 개혁자입니다.

정종원 교수는 요리사입니다. 입맛이 아주 예민한 사람입니다. 저는 정 셰프의 요리를 맛보면서, 요리에서 특별함을 느꼈습니다. 재료가 특별했고, 재료에 입힌 맛과 향이 특별했습니다. 저는 전혀 새로운 정 셰프의 요리를 여러 번 대하며 감동했습니다.

정종원 교수는 배우는 학자입니다. 무엇보다 맛있는 예배를 위해 세계적인 예배학자들의 지혜를 배우고, 새로운 노래를 만드는 겸손하게 배우는 학자입니다.

<예배가 보이니 삶이 보인다>는 맛집에서 드리는 예배입니다. 이 책에는 맛있는 요리가 등장합니다. 정종원 교수의 진정성 돋보이는 요리는 우리에게 울림을 주고 도전을 줍니다. 참된 예배에 대한 분별력을 제공합니다. 예배의 참된 의미, 신앙의 맛과 진정한 예배의 깊은 맛을 보여 줍니다.

그렇습니다. 맛집에서 드리는 예배는 감동적이고 극적인 경험입니다. "너희는 여호와의 선하심을 맛보아 알지어다 그에게 피하는 자는 복이 있도다" 시편34:8. 여러분 모두를 맛집 예배에 초대합니다.

임 윤 택 (윌리엄 캐리 대학교, GLC 박사원장, 전 풀러 선교대학원 교수)

저자 정종원 목사님은 1980년대부터 임마누엘 선교단의 지도자로 활동하면서 "내 영이", "형제여 우리 모두 다함께" 등 수많은 곡을 만들어 당시 한국교회에 일어난 찬양과 경배운동에 큰 영향을 끼쳤습니다.

특히 서구의 동시대적 기독교음악의 형식에 우리나라 사람들의 정서를 잘 담은 저자의 곡들은 새로운 형식의 찬양곡이 한국교회에 정착하는데 크게 기여했습니다. 또한 저자는 작곡과 선교단의 활동을 통해 예배의 가치를 강조하면서, 그 가치가 삶에서 실현되는 것을 소중히 여겼습니다.

이번에 출간되는 책에 바로 이 점이 잘 나타나 있습니다. 진실한 사역자는 사역과 삶을 분리하지 않는데, 바로 그런 예배사역자나 음악사역자가 되기를 바라는 분들에게 이 책을 기쁘게 추천합니다!

박 정 관 (문화연구원 소금향 원장, 장신대 은퇴교수)

저는 '꿈이 있는 자유'의 오랜 팬입니다. 30년이 넘도록 정 목사님을 뵈면서 찬양사역자로, 목회자로, 가르치는 사람으로 그의 모든 사역은 언제나 하나님을 향한 예배의 마음에서 비롯됨을 알 수 있었습니다.

이번에 출판되는 소중한 예배 신학이 담긴 이야기는 정종원 목사님의 일생에 걸친 예배자의 삶이 모두 녹아 있는 것 같습니다. 마치 곁에서 말하듯 생생한 문체로 예배자로 부름을 받은 우리들의 정체성을 깨우며 일으켜 줍니다. 구태의연한 우리들의 예배, 그리고 삶을 새로운 눈으로 바라보게 합니다.

하 덕 규 (음악사역자, 시인과 촌장, 전 백석대학교 교수)

분위기에 젖어 뜻없이 외워 부르는 찬양에 익숙했던 우리에게, 가사를 음미하며 부르는 찬양의 아름다움과 고귀함을 선사했던 저자이다. 그가 이번에는 예배에 관한 생각을 모은 책을 통해 우리 찬양이 궁극적으로 향해야 하는 예배의 자리로 우리를 초대한다.

일상의 여러 순간과 공간, 관계에서 경험한 흥미로운 소재들에 기초해 쓰인 한 편 한 편은 예배의 본질, 예배의 맛, 예배의 기쁨에 대해 생각할 거리를 풍성하게 제공하면서 독자들에게 예배가 보이게 만들고, 그래서 더욱 예배하는 삶을 살아가도록 동기를 부여한다.

짧고 읽기 쉬운 문장은 설교는 아니지만 생각해 보게 만드는 힘과 매력이 있고, 매 챕터 끝에 간추려 인용한 예배와 관련한 두어 구절들은 우리가 예배의 자리에 나아가기 전에 되새겨야 할 중요한 말씀들이다. 그냥 스쳐 읽지만 말고, 한 구절 한 구절 암송할 정도로 새겨 둘만한 핵심 구절들이다.

이 책은 논리적인 이론서가 아니므로 처음부터 읽어도 좋고, 관심이 가는 주제를 다룬 페이지를 펴서 몇 장 읽어도 좋은데, 다 읽고 나면 예배가 어떤 것인지 보이기 시작하고, 무엇보다도 참된 예배를 드리고 싶은 마음이 솟아나는 경험을 하게 될 것이다.

서 재 석 (현 성서유니온 시니어 매일성경 책임편집자,
복음과 상황 편집장, Young 2080 대표 역임)

이 책은 계시의 말씀과 찬양 속에 하나님을 온 몸으로 경험한 예배자가 제시한 진정한 예배에 대한 가이드라인이다.

정종원 목사는 <임마누엘 선교단>과 <꿈이 있는 자유>라는 팀을 섬기며 오랜 기간 음악과 예배분야에 영향력 있는 사역을 해 왔다. 또한 대형교회의 예배사역을 이끌었을 뿐 아니라 한국과 미국에서 교회를 개척하여 목회현장을 지켜온 경험을 갖고 있다.

예배를 향한 그의 고민과 열정이 담긴 책이 나왔다. 예배를 통해 삶을 보고 삶이라는 렌즈로 예배를 볼 수 있도록 쉬운 이야기로 풀어냈다. 매주일 예배의 자리로 나아오는 수많은 예배자들에게 예배의 참된 의미를 알게 해 주고, 하나님께서 찾으시는 예배자들이 되도록 돕는 유익한 책이므로 기쁘게 추천한다.

박 성 규 (현 총신대학교 22대 총장, 전 부전교회 담임목사)

정종원 목사님은 탁월하고 기름부으심 있는 찬양사역자요, 작사작곡가요, 목회자이십니다. 저는 평생 주님을 위한 한 길을 걸어오신 그 삶을 보며 친구로서, 동역자로서 큰 기쁨과 감사가 있습니다.

저는 이 책을 읽으면서 목사님이 걸어오신 임마누엘 선교단과 꿈이 있는 자유, 그리고 현재 LA에 소재한 I AM Church의 목회자로서의 사역을 통해 얻으신 찬양과 경배에 대한 깊은 통찰력을 읽을 수 있었습니다. 세심하고도 친절하게, 그러면서도 예배와 신앙의 본질을 역설하시는 그 올곧은 진심이 느껴집니다.

수많은 예배현장의 경험과 목회자로서 주님의 나라와 그 백성들을 위한 열심 안에서 걸어가시는 진솔한 나눔에 여러분들을 초대합니다. 성경에서 말하는 진정한 예배를 보게 하여서 우리가 살아내야 할 진정한 신앙인의 삶의 노래, 그 합창을 모든 분들과 함께 부르기 원하는 목사님의 귀한 책을 응원합니다.

고 형 원 (부흥한국 대표, 작사작곡가, 예배사역자)

선배이자 스승이며 또 나의 좋은 동역자였던 정종원목사님. 내 삶에 중요했던 기회 몇을 꼽으라면 젊은 시절, 정 목사님을 만났던 기억을 빼놓지 않습니다.

깨끗하고 좋은 크리스천, 예배와 음악을 향한 진지한 성찰, 그리고 아주 사소한 일들 속에서도 의미를 찾아내는 눈썰미. 이 책에는 그 점이 고스란히 녹아 흐릅니다.

'진짜로 아는 사람은 쉽게 이야기한다' 저는 그렇게 생각하는 편입니다. 이 책은 그렇게 쉽게 흐르며 또렷하게 마음을 두드립니다. 본질을 떠나지 않은 채로.

한 웅 재 (CCM 싱어송라이터, 작가, 꿈이 있는 자유)

누군가 제게 "당신의 멘토는 누구입니까?"라고 물어온다면 저는 주저 없이 이 분의 이름을 말할 것입니다. 한국 찬양과 경배사역의 역사에서 중요한 역할을 한 정종원 목사님은 1987년 임마누엘 선교단을 시작으로 꿈이 있는 자유, 현재 I Am Church의 담임목회에 이르기까지 예배사역과 CCM사역, 목회를 통해 한국교회에 수많은 족적을 남겼습니다.

1989년 임마누엘 사역에 합류하면서 오랫동안 가까이에서 지켜본 목사님의 진실한 삶과 사역을 통해 보여준 본은 제가 예배사역자로 이 길을 가는데 결정적인 역할을 했습니다. 전 오래전부터 정종원 목사님에게 책을 쓰셔야 한다는 말씀을 드렸습니다. 예배사역현장과 목회의 경험을 통해 다져진 예배의 이론과 실제는 한국교회에 생명을 불어넣고 참된 예배자를 세우는데 귀한 역할을 할 수 있다는 확신이 있었기 때문입니다.

이 책의 추천사를 쓸 수 있다는 것이 저에게 영광이고, 그 동안 수많은 예배도서를 읽었지만 이번 책을 통해 발견한 정종원 목사님의 예배에 대한 깊은 통찰력은 이 책을 대하는 저의 마음에 기대감을 일으키기에 충분한 것이었습니다. 정종원 목사님의 첫 번째 저서인 <예배가 보이니 삶이 보인다>를 읽다보면 어느 순간 하나님 앞에 예배자로 서 있는 자신의 모습을 보게 될 것입니다.

박 철 순 (예배인도자, 전 어노인팅 대표, 워십빌더스 대표)

Prologue 1

예배가 보이니
삶이 보인다

어머니는 저의 대학 졸업식 이틀 전에 소천하셨습니다. 양장점 아주머니는 어머니가 아들 졸업식에 입고 갈 새 옷을 입어 보시고 무척 들떠 계셨었다고 합니다. 새 옷을 입고 자랑스러운 아들과 환하게 웃는 사진을 찍고 싶으셨을텐데 아쉽게도 52세의 나이로 하나님의 부름을 받으셨습니다. 어머니는 부모없이 고아처럼 자라셨습니다. 그런데 어디서 배우셨는지 요리 솜씨가 매우 훌륭하셨습니다. 교회에 큰 잔치가 있는 날이면 어머니의 손 맛은 큰 신뢰를 받았습니다. 어머니께서 음식을 하시면 집에 들어서기도 전에 무슨 요리인지 알 수 있었습니다. 아직도 그 때 먹었던 진한 떡국 맛과 새콤한 가지무침이 그립습니다.

어릴 적에 친구 집에서 처음 밥을 먹었던 날이 기억납니다. 그 날 밥을 먹으면서 친구와 친구 어머니의 얼굴을 한참 쳐다보았습니다. 당황했기 때문입니다. 그 맛을 보기 전까지는 모든 어머니들이 다 음식을 잘 하시는 줄 생각했습니다. 시골 동네에 식품가게는 하나 밖에 없었는데 같은 재료를 가지고 이렇게 다른 맛을 낸다는 것이 믿겨지지 않았습니다. 친구가 왜 우리 집에 오면 그렇게 밥을 많이 먹는지 그 날 이해가 되었습니다. 친구는 더 자주 우리 집에 와서 밥을 먹고 싶어했습니다.

자녀들은 맛에 대한 기준을 가정에서 물려 받습니다. 다른 맛을 경험하기 전까지 순응하며 삽니다. 가정에서 음식을 맡은 사람이 어떤 만족과 기대를 가지고 있느냐에 따라 식탁이 달라집니다. 맛에 대한 지속적인 관심과 추구가 없다면 식탁은 변하지 않습니다.

과거에는 동네마다 교회가 하나 밖에 없었습니다. 예배의 환경은 담임 목회자가 예배에 대한 생각과 기대를 어떻게 가지고 있느냐에 따라서 달라졌습니다. 지도자는 자신이 느끼는 맛이 옳은지, 최선의 것인지 변화와 개혁에 대한 의지가 항상 있어야 합니다. 어딘가에 분명 지금 보다 나은 최선의 맛이 있다는 믿음과 함께 배움의 문을 열어 놓아야 합니다.

중세교회는 맛을 잃은 예배를 드리고 있었습니다. 음식이 부패했어도 문제를 제기하는 것 자체가 권한을 침해하는 행위로 받아들여졌습니다.

성경을 읽을 수 없었던 성도들은 그렇게 먹는 것이 전부인 줄 알았습니다. 그런데 맛에 대한 불만을 가진 사람들이 나타났습니다. 그들은 예배의 맛이 성경의 진리와 상관없는 거짓된 것이라고 확신했습니다. 그리고 왜 이렇게 변했는지 알고 있었습니다.

말씀에 무지하면 맛이 변해도 알 수 없습니다. 속고 있어도 속은 줄을 모릅니다. 그래서 개혁자들은 모든 사람들의 손에 성경이 들려지고 읽혀지도록 번역에 심혈을 기울였습니다. 그리고 모두가 다 예배의 구경꾼이 아니라 참여자로 부름 받았다는 사실을 알려 주기 위해 만인제사장의 진리를 주장했습니다.

개혁자들은 예배의 개혁부터 단행했습니다. 그 시대에 상하고 썩은 재료들을 예배에서 잘라냈습니다. 그들은 하나님이 원하시는 예배의 맛을 추구했습니다. 하지만 시간이 흐르자 개혁자의 후손들은 또 다시 자기 안에 갇혀 버렸습니다. 한 명의 탁월한 요리사만을 추종하듯 자기들이 경험한 맛만을 강요했습니다. 더 훌륭한 맛을 추구하려고 하지 않았습니다.

시대가 바뀌었습니다. 세상은 지구촌이 되어 맛의 비밀이 알려지고 맛을 공유하게 되었습니다. 이제는 마음만 먹으면 평범한 어머니들도 세계적인 맛에 도전할 수 있는 세상입니다. 예배도 이와 같습니다. 겸손하게 배우고자 한다면 우리 주위에는 하나님께서 예비하신 훌륭한 예배들을 통해 도전 받을 수 있습니다. 하지만 그 이전에 우리는 참된 예배에 대한 분명한 이해와 분별력을 가질 수 있어야 합니다. 그리고 우리는 요한계시록에서 보여주는 영광스러운 예배를 향해 나아가야 합니다.

우리가 예배의 참된 의미를 알고자 힘쓰고 진정한 예배의 맛을 추구한다면 예배 안에서 어떤 일이 일어날까요? 생각과 마음을 활짝 열고 하나님의 임재를 기대하며 예배한다면 예배가 얼마나 달라질까요? 성경에서 말하는 예배가 눈에 보여야 합니다. 성경에서 말하는 예배가 우리의 눈에 보일 때 우리가 살아내야 할 진정한 삶도 보이게 될 것입니다.

2023년 가을, 정종원

Prologue 2

예배가 보이니
삶이 보인다

저는 첫 번째 운전면허 필기시험에서 떨어졌습니다. 시간이 모자라 문제를 다 풀지도 못했습니다. 기억하기로는 1번 문제가 도로교통법의 목적을 묻는 질문이었습니다. 저는 교통법의 목적이 처벌을 위한 것인지 보호를 위한 것인지를 골라야 했습니다. 정답은 물론 보호를 위한 것이 맞습니다. 그러나 저에게는 쉬운 답이 아니었습니다. 대부분의 운전자들은 교통법으로 보호를 받는다는 의식보다 벌금스티커를 더 많이 의식하며 운전하고 있었기 때문입니다.

두 번째 시험에서는 만점에 가까운 점수를 받았습니다. 문제를 푸는 시간도 여유가 있었습니다. 출제된 문제마다 각각의 이유를 납득할 수 있었습니다. 납득이 되면 쉬워집니다. 그래서인지 어릴 적에는 윤리와 도덕 시험이 쉬워 보였던 것 같습니다. 그냥 살면서 납득한 대로 답을 선택하면 대부분 옳았습니다. 하지만 지금 시대는 길에서 지갑을 주어도 어떻게 처리해야 옳은지 확신이 없습니다.

제가 왜 이런 이야기를 하고 있을까요? 예배에 대한 생각들을 납득하기까지 공을 들여온 세월이 있었다는 것입니다. 저는 어떤 것을 알고 싶으면 만족이 될 때까지 파고 드는 성향이 있습니다. 예수님과 복음에 대해서도 그랬습니다. 인생 전체를 바쳐야 했기 때문입니다. 또한 예배라는 주제에 관심을 갖게 된 후부터 예배라는 글자가 보이는 책은 모두 사서 읽었습니다. 그 만큼 예배가 저에겐 중요한 문제였습니다.

참된 예배는 우리 삶에 진정한 만족과 행복을 가져다줍니다. 삶과 결코 분리되지 않습니다. 삶과 분리된 예배는 하나님께서 의도하신 예배가 아닙니다. 참된 예배는 삶에서도 읽혀지는 예배입니다. 삶에서 더 잘 보여야 합니다. 그러므로 예배는 삶으로 풀어낼 수 있어야 합니다. 어떻게 하면 자녀들과 이웃들에게 자신있게 예배를 증언하며 예배자로 살아갈 수 있도록 도울 수 있을까요?

여기에 쓰여진 글들은 예배에 대해 일상에서 경험하고 발견한 것들을 말씀과 함께 풀어낸 이야기들입니다. 여러분도 이 책 속의 이야기들처럼 예배를 통해 삶을 보고, 삶을 통해 예배를 읽을 수 있는 눈을 갖게 되길 바랍니다. 예배가 보이면 삶이 보입니다.

이 책이 나올 수 있도록 끊임없이 재촉해주고 자신의 일처럼 도와준 워십빌더스의 박철순 대표님과 귀한 재능과 정성으로 편집과 디자인을 맡아준 포커스온의 김명환 대표님, 멀리 떨어져 있어도 사랑과 지지로 세심하게 교정을 봐 준 김은신 자매님과 조미나 자매님, 그리고 이 책이 나오기까지 함께 기도하며 기다려준 아이엠교회 성도님들, 늘 기쁨으로 도와주는 조카 현영, 아내 명선과 하준, 하연에게 감사와 사랑을 전합니다.

2023년 가을, 정종원

무엇이 보입니까?

무엇이 보입니까?

내가 두루 다니며 너희가 위하는 것들을 보다가
알지 못하는 신에게라고 새긴 단도 보았으니
그런즉 너희가 알지 못하고 위하는 그것을 내가 너희에게 알게 하리라
사도행전 17:23

질문하지 않으면
과거가 현재를 지배합니다.
질문을 할 수 있어야
현재의 주인이 될 수 있습니다.

1

고양이를 묶는 예배

예배가 보이니
삶이 보인다

　어느 선교사가 자신이 키우던 고양이를 선교지에 데리고 갔습니다. 선교사는 주일예배를 드릴 때마다 고양이를 집에 둘 수 없어서 예배당 한 구석에 있는 의자에 고양이를 묶어 두고 예배를 인도했습니다. 세월이 흐르고 선교사는 건강 문제로 본국으로 귀국하게 되었고 원주민들은 스스로 예배를 드려야 했습니다.

시간이 지나 그곳에 다른 선교사가 부임했습니다. 새로 부임한 선교사는 원주민들이 그동안 어떻게 예배를 드려 왔는지 궁금했습니다. 그는 예배에 들어가기 전에 원주민들의 이상한 행동을 보고 놀랐습니다. 그들은 예배당 의자에 고양이 한 마리를 묶어 두고 있었습니다. 당황한 선교사는 원주민 지도자에게 물어보았습니다. "왜 고양이를 묶어 두었습니까?" 그러자 원주민 지도자는 확신 있게 대답했습니다. "예배는 고양이를 묶는 것으로 시작하는 것입니다. 예전에 계시던 선교사님께서 그렇게 하셨습니다."

이 이야기는 지어 낸 이야기 같지만 실제 우리의 모습과도 같습니다. 예배는 어디서 배우고 어떻게 학습되는 걸까요? 우리는 예배를 어디서 배울 수 있었나요? 예배에 대해서 알고자 따로 공부하지 않는다면 예배는 오직 예배 현장에서 습득될 수밖에 없습니다.

이제 스스로에게 질문해 봅시다. 예배 속에 있는 어떤 순서에 대해서 궁금했던 적이 있습니까? 교독문은 왜 읽어야 하는지 알고 싶었던 적이 있었습니까? 찬양대의 노래가 왜 설교 시간 전에 있어야 하는지 알고 싶었던 적이 있었습니까? 종교적인 진지한 분위기와 전통의 권위에 순응하는 것이 전부였습니까? 과거에 그렇게 해 온 것을 보고 따라하는 것을 당연하게 여겨온 것은 아닙니까?

분명한 사실은 우리가 하고 있는 행동이 과연 옳은 것인지 구체적으로 물어보기 전까지는 과거가 우리의 것이 되어 버린다는 사실입니다. 예배를 드릴 때 고양이를 묶어 두는 것을 보고만 있었기 때문에 답습할 수밖에 없었던 것처럼 구체적으로 왜 라는 질문을 하지 않으면 본 것에 지배를 당하게 됩니다. 그냥 보고만 있던 것들이 예배를 채워 버립니다. 어떤 경우에는 아무 이유가 없는 것이었음에도 그것이 중요하게 여겨지는 때도 있습니다. 우리는 이제 왜 라는 질문을 시작해야 합니다. 질문하지 않으면 무지에서 벗어날 수 없습니다. 과거가 우리를 속일지 모릅니다. 질문을 해야 지혜가 열리고 문제에서 벗어 날 수 있습니다.

"너희는 알지 못하는 것을 예배하고 우리는 아는 것을 예배하노니 이는 구원이 유대인에게서 남이라 아버지께 참되게 예배하는 자들은 영과 진리로 예배할 때가 오나니 곧 이 때라 아버지께서는 자기에게 이렇게 예배하는 자들을 찾으시느니라" **요한복음 4:22-23**

그들이 연회에는 수금과 비파와 소고와 피리와 포도주를 갖추었어도
여호와께서 행하시는 일에 관심을 두지 아니하며
그의 손으로 하신 일을 보지 아니하는도다
이사야 5:12

관심은
축복의 통로입니다.
가장 소중한 일에 관심을 가졌다면
축복이 시작된 것입니다.

2

관심이 축복

예배가 보이니
삶이 보인다

　첫 번째 교회를 개척했을 때 토요일 마다 꽃 장식으로 성전을 섬겨 주시는 집사님이 계셨습니다. 그 날도 역시 정성껏 강단의 꽃을 장식하고 계셨습니다. 마침 그 날 저는 예배에 관한 설교를 준비하고 있었습니다. 그래서 집사님께서 어떤 마음으로 교회를 섬기는지, 예배를 어떻게 생각하고 있는지가 궁금해졌습니다.

　"집사님, 예배는 무엇이라고 생각하세요?" 그러자 집사님이 얼굴이 빨게 지면서 무척 당황해하셨습니다. "왜 그런 질문을 저한테 하세요, 그런 질문은 처음 들어봐요."

자, 제가 여러분께 똑같은 질문을 한다면 여러분은 뭐라고 대답하실 건가요? 금방 대답하실 수 있나요? 아니면 고개를 갸우뚱하게 되시나요? 아니면 이런 질문을 도대체 왜 하는지 되묻고 싶으신가요?

저는 예배를 중요하게 생각하지 않는 목사님이나 성도님들을 본 적이 없습니다. 모두가 한결같이 좋은 예배자가 되고 싶어했습니다. 더 나아가 예배에 성공하기를 바랐습니다. 그렇다면 진짜 좋은 예배자가 되기 위해서는 어디서부터 시작해야 할까요? 예배를 잘 드리고 싶다면 어떤 관심이 필요할까요?

출산을 앞 둔 임산부들은 특별한 경우가 아니면 예외 없이 육아에 관한 책을 한 두 권은 사서 읽는 것을 볼 수 있습니다. 그것을 당연하게 생각합니다. 그렇게 하는 이유는 곧 만나게 될 아기를 잘 키우기 위해선 아기에 대해 알아야 하기 때문입니다. 그리고 육아는 내가 본 것과 들은 것만 가지고 대처할 수 없고 엄마가 무지하면 고생한다는 것을 알기 때문입니다. 그래서 육아에 대한 좋은 정보를 담은 책을 읽기 시작하고 유튜브 영상을 찾아 구독자가 되기도 합니다. 이것이 책임 있는 자세이고 제대로 하려는 태도입니다. 예배도 마찬가지입니다. 예배 자체를 알아야 합니다. 예배를 빠지지 않고 예배의 자리를 지켜 왔다고 해서 예배를 아는 것이 아닙니다.

학생으로서 축복받은 날은 언제일까요? 성적이 올라간 날일까요? 학교를 한 번도 안 빠져서 개근상을 받은 날일까요? 아닙니다. 개근상을 받은 것은 정말로 훌륭한 것이지만 학생으로서 축복받은 날은 왜 공부를 해야 하는지를 깨닫게 된 날입니다. 공부를 해야하는 이유를 깨달으면 목표가 생기고 그 목표를 이루기 위해서 학생의 본분에 최선을 다 할 수 있게 됩니다. 복된 예배자가 되는 것도 이와 같습니다. 예배가 무엇인지, 왜 예배해야 하는지에 관심이 일어나고 깨닫는 날이 복된 날입니다.

예배는 선택이 아니라 운명입니다. 성도는 모이면 예배부터 합니다. 모임마다 예배라는 말이 따라다닙니다. 주일예배, 새벽예배, 철야예배, 저녁예배, 돌예배, 결혼예배… 그렇다면 예배가 무엇인지부터 질문을 해봐야 합니다. 우리가 이 땅의 삶을 끝내고 천국에 가서도 영원히 할 것이 예배라면 예배에 대해 알고 예배해야 합니다. 더구나 우리가 모두 왕 같은 제사장으로 부름 받은 것은 예배에 특화된 삶으로 불러 주신 것이니까요.

관심이 곧 축복입니다. 관심을 가졌다면 축복이 시작된 것입니다. 그렇다면 예배가 무엇인지 관심을 가져 봅시다. 우리가 수시로 드리는 예배가 보석이라면 그 보석의 진가를 볼 수 있는 날이 와야 합니다. 그리고 "예배가 무엇이라고 생각하세요?"라는 질문을 받았을 때 보석의 진가를 알아본 깨달음으로 누군가의 가슴을 설레게 만들 수 있어야 합니다.

"그러나 너희는 택하신 족속이요 왕 같은 제사장들이요 거룩한 나라요 그의 소유가 된 백성이니 이는 너희를 어두운 데서 불러 내어 그의 기이한 빛에 들어가게 하신 이의 아름다운 덕을 선포하게 하려 하심이라" **베드로전서 2:9**

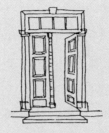

이러므로 하나님이 그를 지극히 높여 모든 이름 위에 뛰어난 이름을 주사
하늘에 있는 자들과 땅에 있는 자들과 땅 아래에 있는 자들로
모든 무릎을 예수의 이름에 꿇게 하시고 모든 입으로 예수 그리스도를 주라 시인하여
하나님 아버지께 영광을 돌리게 하셨느니라
빌립보서 2:9-11

찬양을 하려면
하나님의 이름을 정확히 알고 불러야 합니다.
이 땅에 수많은 신들과 구별될 만큼
자랑할 수밖에 없는 하나님은 누구신가요?

3

모호한 하나님

예배가 보이니
삶이 보인다

    목사, 변호사, 의사, 국회의원, 대통령은 이름이 아니라 직책입니다. 이런 직책은 한 사람만 가지고 있는 것이 아닙니다. 그 직책에 해당하는 사람이 혼자 있을 때에는 직책만 불러도 누구를 부르는지 알 수 있지만 여러 명이 함께 있을 때는 직책만 불러서는 안 됩니다. 성이나 이름까지 함께 불러야 지칭하는 사람을 정확히 부를 수 있습니다.

'신(god)'은 이름일까요 아니면 직책일까요? 신은 이름이 아닙니다. 세상에는 신으로 불려지는 수많은 종류의 신들이 있습니다. 이 세상에 셀 수 없이 많은 의사가 있듯이 신으로 불려지는 대상이 많이 있습니다. 그래서 직책만 부르면 불명확합니다. 만일 어떤 사람이 병원에 다녀와서 "의사 선생님이 참 훌륭했어요!"라고 말한다면 우리는 그 의사를 안다고 볼 수 있을까요? 어느 병원의 어떤 이름을 가진 의사인지를 모르기 때문에 그 의사의 이름을 구체적으로 물어보게 될 것입니다.

우리가 흔히 말하는 신(god)의 뜻은 숭배할 만한 어떤 대상 즉, 세상에 존재하는 모든 다양한 신들(gods)을 지칭하기도 하고 우리가 믿고 고백하는 유일하신 하나님(God; Elohim)을 지칭하기도 합니다. 그러니까 그리스 신화 속에 등장하는 수많은 신들도 신이고 우리가 믿는 하나님도 신인 것입니다. 누군가 하나님에 대하여 말한다고 해서 그가 우리가 생각하는 하나님을 말한다고 볼 수는 없습니다. 하나님을 믿든지 안 믿든지 신이라는 직책으로 부를 수 있는 것입니다.

우리는 하나님을 찬양할 때 "하나님, 찬양합니다! 하나님, 예배합니다!" 라는 고백에서 멈춰서는 안 됩니다. 우리의 고백은 신이라는 포괄적 개념이 결코 침범하지 못하도록 매우 구체적인 고백이 되어야 합니다. 어떤 하나님을 말하는지, 그 이름이 무엇인지, 그분이 어떤 일을 하셨는지, 그분의 성품은 어떠신지 명확하게 고백해야 하는 것입니다. 우리는 모호한 하나님을 찬양하지 않습니다.

우리가 찬양하는 하나님은 누구신가요? 우리가 예배하고 찬양하는 하나님은 주 예수 그리스도를 통해 존재와 인격과 사역이 알려지신 하나님이십니다(히브리서1:1-3). 우리는 예수님을 통하여 구속의 역사를 성취하신 하나님을 찬양합니다. 그래서 예수님을 찬양하는 것이 매우 중요합니다. 예수님을 찬양한다는 것은 곧 예수님을 통해 보여 주신 하나님의 인격과 성품과 사역을 찬양하는 것이고 세상에 신이라는 직책으로 존재하는 모든 신들을 떨게 만드신 능력의 하나님을 찬양하는 것입니다.

성경에는 모세가 불타는 떨기나무 가운데서 부르시는 하나님을 만났을 때 이스라엘 백성들이 자신에게 어떤 하나님을 만났냐고 물어보면 무엇이라 대답해야 하는지 묻는 장면이 기록되어 있습니다.

"모세가 하나님께 아뢰되 내가 이스라엘 자손에게 가서 이르기를 너희의 조상의 하나님이 나를 너희에게 보내셨다 하면 그들이 내게 묻기를 그의 이름이 무엇이냐 하리니 내가 무엇이라고 그들에게 말하리이까" **출애굽기 3:13**

우리의 찬양을 받으시기에 합당하신 하나님의 이름은 무엇인가요? 이 땅에 수많은 종교와 신을 숭배하는 사람들이 부르는 신들과 구별되며 내가 자랑할 수밖에 없는 하나님은 누구신가요? 이 질문에 여러분은 어떻게 대답하실 건가요? 찬양을 하려면 하나님의 이름을 정확히 알고 불러야 합니다.

세상은 세속화된 지 오래입니다. 진리에 대한 태도는 회의적으로 변했습니다. 사람들은 하나님에 대해서 너무도 무지하며 하나님의 구원하시는 능력에도 관심이 없습니다. 지난 수년 동안 바이러스로 인류가 침몰해 갈 때 하나님이 존재하지 않는 것 같이 느껴진다며 침울해하고 하나님에 대한 신뢰의 끈을 놓아 버린 사람들이 많습니다. 하지만 사람은 바이러스에서 놓임을 받았다 해도 정해진 죽음을 피할 수 없는 존재라는 것을 잊어서는 안 됩니다. 죄와 죽음이라는 근본적인 힘을 무너뜨리지 않으면 결국 사망의 노예가 되고 맙니다.

우리가 놓인 현실은 모세가 직면한 현실과 같습니다. 누가 죄와 죽음의 굴레에서 해방시킬 수 있는지, 이 모든 것을 끝내신 분이 누구인지, 나는 어떤 이름으로 불리는 하나님을 섬기고 있는지, 우리는 스스로에게 질문하고 정확하고 분명하게 대답할 수 있어야 합니다. 예수님은 하나님의 모든 이름을 가지고 오셨습니다.

"비록 하늘에나 땅에나 신이라 불리는 자가 있어 많은 신과 많은 주가 있으나 그러나 우리에게는 한 하나님 곧 아버지가 계시니 만물이 그에게서 났고 우리도 그를 위하여 있고 또한 한 주 예수 그리스도께서 계시니 만물이 그로 말미암고 우리도 그로 말미암아 있느니라" **고린도전서 8:5-6**

예수님을 찬양한다는 것은
예수님을 통해 보여 주신
하나님의 인격과 성품과 사역을 찬양하는 것입니다.
세상에 신이라는 직책으로 존재하는
모든 신들을 떨게 만드신
능력의 하나님을 찬양하는 것입니다.

하나님은 사람이 아니시니 거짓말을 하지 않으시고 인생이 아니시니 후회가 없으시도다
어찌 그 말씀하신 바를 행하지 않으시며 하신 말씀을 실행하지 않으시랴"
민수기 23:19

약속에 신실하신 하나님을
맛보는 날이 와야 합니다.
하나님은 어떤 위협과 악조건 속에서도
약속을 지키십니다.

4

그릭 요거트(Greek Yogurt)

예배가 보이니
삶이 보인다

그릭 요거트(Greek Yogurt)를 맛보신 적이 있으신가요? 제 아내는 그릭 요거트의 맛을 알고 난 후부터 이전에 먹었던 요거트는 먹지 못할 것 같다고 말했습니다. 그럼에도 저는 아내의 말에 동의하지 못했습니다. 저의 첫 경험 때문입니다.

배가 출출했던 어느 날 간식거리를 찾다가 냉장고에 놓인 그릭 요거트를 보게 되었습니다. 어떤 맛인지 한번 먹어 보고 싶었습니다. 뚜껑을 열어 보니 두툼하고 꾸덕해 보이는 하얀 치즈 같은 것들이 꽉 채워져 있었습니다.

그리고 수저로 한 숟가락 떠 먹어 보고는 크게 실망하고 말았습니다. 뚜껑을 덮으며 이런 맛을 좋아하는 사람은 둘 중 하나라고 생각했습니다. 맛은 없지만 몸의 건강을 생각해서 먹는 사람이든지, 아니면 이런 맛을 본래부터 좋아하는 사람이 따로 있겠다 생각했습니다. 그런데 저에게도 그 맛의 비밀을 알게 되는 날이 있었습니다.

아내가 가족들의 건강을 위해서 소금기 줄인 음식을 준비하면서 밥상에 그릭 요거트가 자주 올라왔습니다. 처음에는 상대도 하고 싶지 않았습니다. 그런데 아내가 요거트를 수저로 저으며 섞는 것을 보게 되었습니다. 요거트 밑 바닥에 과일즙이 있었다는 사실을 그때 처음 알게 된 것입니다. 종류에 따라 파인애플, 망고, 복숭아 같은 다양한 즙이 바닥에 깔려 있었습니다. 아내가 숟가락으로 과일즙을 파내어 요거트와 함께 섞어서 저에게 건네주었습니다. 그 순간 맛있는 요거트의 맛을 느낄 수 있었습니다. 이제 저도 아내와 같이 요거트를 생활 속에서 즐기고 있습니다.

신앙의 맛에도 이런 비슷한 경험을 하게 됩니다. 어떤 사람은 신앙의 맛에 대하여 선입견을 갖고 있을 것입니다. 그래서 그냥 지나치게 믿으며 살아야만 하는 사람이 따로 있구나 하는 생각을 할 수도 있습니다. 아니면 처음 맛보려고 했던 맛이 너무 밋밋하게 느껴졌던 사람도 있을 것입니다. 그것은 겉모습만 보았기 때문입니다. 한번 그 속 맛을 제대로 파보면 빠져나오지 못하는 맛이 있습니다. 정말 맛이 있다면 생활화가 됩니다.

성경의 하나님을 맛본 사람은 약속에 신실하신 하나님을 맛본 사람입니다. 한번 그 맛을 보면 빠져나올 수 없습니다. 하나님이 어느 정도 약속에 신실하실까요? 하나님은 약속한 것에 책임을 지십니다. 어떤 상황에서도 약속을 지키십니다.

사람들은 인격을 평가할 때 약속에 대한 태도와 신실함을 중요하게 봅니다. 약속을 지키는 경험으로 신뢰를 평가합니다. 약속을 잘 지키는 사람과 거래하면 안정감을 갖습니다. 우리 인생에서 큰 파문이 일거나 정신적인 충격을 받는 것은 약속에 대한 배신 때문입니다. 특별히 가장 가까운 가족에 대한 믿음이 무너지면 삶은 불안하고 관계 속에서 두려움과 공포를 느끼기도 합니다. 그래서 믿음이 성장하려면 약속이 지켜지는 경험을 많이 해야 합니다.

약속하시면 반드시 지키시는 하나님이 계십니다. 약속하시면 절대 잊지 않으시고 지킬 수 있으신 완전한 능력자를 맛보아야 합니다. 약속의 크기만큼 시간이 걸릴 수 있지만 약속하신 것은 반드시 이루시는 하나님을 경험해야 합니다. 하나님은 어떤 위협과 악조건 속에서도 약속을 지키십니다. 악한 자의 계획을 이용해서라도 약속을 이루시고, 사람을 준비해서 이루시고, 당신의 하나 밖에 없는 아들을 희생시키시면서까지 약속을 지켜내십니다. 약속에 신실하신 하나님을 맛볼 수 있는 날이 와야 합니다.

"너희는 여호와의 선하심을 맛보아 알지어다 그에게 피하는 자는 복이 있도다"

시편 34:8

예배가 보인다

part 2

예배가 보인다

큰 음성으로 이르되 죽임을 당하신 어린 양은
능력과 부와 지혜와 힘과 존귀와 영광과 찬송을 받으시기에 합당하도다 하더라

요한계시록 5:1

사단은
천하만물을 가지고
예배를 거래했습니다.
참된 예배자는
천하만물보다 더 가치 있는 분을 알고
섬기는 사람입니다.

5

가장 비싼 거래

예배가 보이니
삶이 보인다

경매장에 가야 했던 적이 있었습니다. 첫번째 개척했던 교회는 상가건물을 임대해서 예배를 드렸었는데 건물주가 재정적인 어려움을 겪으면서 건물이 경매에 넘어가는 일이 생긴 것입니다. 교회는 권리를 주장할 수 있는 순위가 2순위였기 때문에 낙찰 가격이 어느 정도 나와주지 않으면 전세금을 다 잃어버리는 상황이었습니다.

경매장에 들어가기 전에 제가 바라는 하한선을 정해 두었습니다. 경매가 시작되자 사람들은 손을 들어 가격에 대한 의사표시를 하기 시작했습니다. 가격이 오르면서 더 이상 손을 드는 사람이 나오지 않으면 마지막으로 손을 든 사람이 제시한 가격으로 경매가는 결정됩니다. 손을 들 때에는 실제로 자신이 그만한 가치를 내어 놓겠다는 의지를 보인 것이고 제시한 돈을 반드시 지불해야만 합니다. 감사하게도 그 때의 경매는 제가 생각한 하한선을 넘기고 보상을 다 받을 수 있었습니다.

예배라는 말 속에는 가치에 대한 선언과 의지가 들어있습니다. 요한계시록을 보면 수많은 무리들이 어린양 예수께 자신이 생각하는 가치를 던져 드리며 고백합니다. 지혜를 드리며 가치를 선언하고 힘과 능력을 드리고 부요함을 드린다고 외칩니다. 이것이 가치에 대한 선언이고 의지입니다. 예배자는 예배를 받으시는 분에 대한 가치를 볼 수 있어야 합니다. 그리고 어느 정도까지 자신이 소유한 가치를 드릴 용의가 있는지 결정을 해야 합니다.

성경에는 인류역사에 있어서 가장 값비싼 거래가 나옵니다. 그 거래가 예배를 위한 것이었습니다. 마귀는 예수님께 천하 만물과 예배를 거래하자고 제안했습니다. 이처럼 마귀는 예배에 천하 만물을 걸 수 있을 만큼 가치가 있다고 보았습니다. 그런데 예수님께서는 천하 만물을 얻을 수 있는 거래를 거부하셨습니다. 천하 만물보다 더 큰 가치가 하나님을 예배하는 것이라고 믿으셨기 때문입니다.

예배는 가치에 대한 선언입니다. 그리고 그 가치를 위해 어디까지 무엇을 내어 놓을 수 있는지 의지를 표현하는 일입니다. 오늘 당신의 예배를 받으시는 분은 어느 정도의 가치가 있으신 분이신가요? 그 가치를 선언하는 예배를 드리시기를 바랍니다.

"이르되 만일 내게 엎드려 경배하면 이 모든 것을 네게 주리라 이에 예수께서 말씀하시되 사탄아 물러가라 기록되었으되 주 너의 하나님께 경배하고 다만 그를 섬기라 하였느니라" **마태복음 4:9-10**

이는 내게 사는 것이 그리스도니 죽는 것도 유익함이라

빌립보서 1:21

우리에게도
웃시야가 존재합니다.
하나님보다 더 의지하고
자랑스러워하는 것이 웃시야입니다.
웃시야가 사라져야
하나님이 보입니다.

6

웃시야 왕이 죽던 해에

예배가 보이니
삶이 보인다

    천국이든 지옥이든 그곳을 한번이라도 생생하게 본 사람은 이전과 똑같이 살 수 없습니다. 어떤 목회자는 천사를 한번 경험하고 나서부터 목회의 방향이 완전히 달라졌습니다. 구세군 창설자 윌리엄부스는 모든 사람들이 생전에 한 번만이라도 지옥불을 보게 해 달라고 기도했습니다. 그렇게 기도한 이유는 사람들이 지금과 다른 삶을 살게 되길 원했기 때문입니다.

목회지였던 교회로 찾아왔던 한 학생이 생각납니다. 영화 <엑소시스트>를 보고 너무 무서워 하나님을 믿겠다며 찾아왔었습니다. 조금은 엉뚱한 경험으로 찾게 된 하나님이었지만 그 학생은 지금까지도 신앙생활을 잘하고 있습니다. 일상에서 겪을 수 있는 작은 경험도 그것이 충격으로 다가오면 삶은 변화의 가능성을 엽니다. 그렇다면 하나님의 임재를 체험한 사람은 어떻게 변할까요?

모든 예배자들은 이사야의 체험을 동경합니다. 이사야 선지자는 하늘 보좌에 앉으신 하나님을 체험했습니다. 하나님이 어떻게 예배를 받고 계신지 생생히 보게 되었습니다. 그것은 충격이었습니다.

"그 때에 내가 말하되 화로다 나여 망하게 되었도다 나는 입술이 부정한 사람이요 나는 입술이 부정한 백성 중에 거주하면서 만군의 여호와이신 왕을 뵈었음이로다 하였더라" **이사야 6:5**

이사야는 하나님을 본 순간 자신의 죄와 부정함을 깨달았습니다. 상상과 가정으로 세워진 지식적인 하나님을 믿고 있었는지도 모릅니다. 하나님의 거룩하심에 사로잡혔습니다. 이사야는 하늘 보좌를 체험하기 전과 후가 완전히 달라졌습니다. 그가 사람들에게 하나님의 말씀을 전할 때마다 그의 입술에서 거룩이라는 말이 떠나지 않았습니다.

"웃시야 왕이 죽던 해에 내가 본즉 주께서 높이 들린 보좌에 앉으셨는데 그의 옷자락은 성전에 가득하였고" **이사야 6:1**

이사야 선지자가 언제 하늘 보좌를 처음 보게 되었을까요? 바로 웃시야 왕이 죽던 해였습니다. 웃시야 왕이 역사에서 사라졌을 때 이사야는 하나님을 체험했습니다. 이것이 저에게는 큰 의미로 다가왔습니다.

살다 보면 전에 보이지 않던 것이 눈에 뚜렷이 들어올 때가 있습니다. 2020년 겨울, 저는 갑작스레 찾아온 뇌경색으로 6개월간 오른쪽 팔과 다리의 마비를 겪어야 했습니다. 팔과 다리를 자유롭게 쓰지 못하는 몸의 무너짐을 경험하고 난 후부터 걸음이 예사롭지 않은 사람들이 보이기 시작했습니다. 걸음걸이 만 보아도 그 사람이 뇌졸중을 겪은 사람인지 아닌지가 보였습니다. 뇌경색을 겪기 전에는 그들의 걸음걸이가 눈에 들어오지 않았습니다.

우리는 어떤 사건이 나의 생활 속에 깊숙이 들어와 내 일이 되지 않으면 애써 인식하려고 하지 않기 때문에 보지 못하고 지나치는 것들이 너무 많습니다. 마치 아무도 깨워주지 않아 계속 잠을 자듯 살아가는 것입니다. 이사야도 이전에 보지 못했던 것을 보는 경험이 필요했던 것입니다.

그렇다면 왜 이사야 선지자는 웃시야 왕이 죽기 이전에 하나님을 보지 못했을까요? 웃시야 왕은 너무도 훌륭했고 믿음직한 왕이었습니다 . 16세에 왕이 되어 52년간 통치했던 왕입니다. 그가 왕으로 있는 동안에는 어느 왕정 시대와 비교할 수 없는 번영과 안보를 선사했습니다. 그는 자신의 군대를 강력한 군대로 키워 늘 주변국가에 의해 침략을 받아 불안했던 유다를 애굽 변방까지 위세를 떨치며 조공까지 받아내는 능력을 보였습니다.

"암몬 사람들이 웃시야에게 조공을 바치매 웃시야가 매우 강성하여 이름이 애굽 변방까지 퍼졌더라" **역대하 26:8**

웃시야 왕은 이전의 여느 왕들과는 달랐습니다. 왕 중에 왕과 같았습니다. 백성들은 웃시야가 영원한 왕이 되기를 바랐습니다. 하지만 안타깝게도 이런 웃시야 왕도 생애 말년에는 교만해졌습니다. 제사장만이 할 수 있는 역할을 찬탈한 것입니다. 하나님은 그런 월권을 허락하지 않으셨고 웃시야 왕은 나병에 걸려서 말년을 격리된 환경에서 보내야 했습니다.

하나님은 혼돈의 시기에 사람을 부르십니다. 하나님은 교회의 훌륭한 프로그램을 찾는 것이 아니라 하나님만을 구하는 사람을 찾으십니다. 탁월한 음악이나 이야기꾼을 찾으시는 것이 아니라 진실하게 주님의 얼굴을 구하는 사람을 찾으십니다. 이전의 경험과 생각이 흔들리는 혼돈의 시기는 하나님께서 사람을 부르시며 새로운 비전에 눈 뜨게 하실 때가 왔다는 것입니다.

우리에게도 웃시야 왕이 존재할 수 있습니다. 내가 믿고 신뢰하는 지도자가 웃시야가 될 수 있습니다. 내가 자랑하는 교회의 예배가 웃시야의 예배일 수 있습니다. 그것이 무엇이든 나의 웃시야가 하나님보다 더 중요해질 때 결코 하나님을 보지 못하게 됩니다.

교회가 하나님 이외의 것을 자랑한다면 사람이 보이고 하나님이 보이지 않습니다. 그러므로 우리는 언제나 눈을 사람이 아닌 하나님께 두어야 합니다. 하나님이 우리의 눈 속을 하나님으로 가득 채우시려면 어쩔 수 없이 우리가 보고 있는 웃시야가 사라져야 합니다. 그 때, 문제보다 더 크신 하나님, 혼돈을 일으키시기도 잠재우시기도 하시는 높이 계신 하나님을 보게 될 것입니다. 여러분의 웃시야는 무엇입니까? 혹은 누구입니까?

"내가 볼 때에 그의 발 앞에 엎드러져 죽은 자 같이 되매 그가 오른손을 내게 얹고 이르시되 두려워하지 말라 나는 처음이요 마지막이니 곧 살아 있는 자라 내가 전에 죽었었노라 볼지어다 이제 세세토록 살아 있어 사망과 음부의 열쇠를 가졌노니 그러므로 네가 본 것과 지금 있는 일과 장차 될 일을 기록하라" **요한계시록 1:17-19**

거기서 내가 너와 만나고
속죄소 위 곧 증거궤 위에 있는 두 그룹 사이에서
내가 이스라엘 자손을 위하여 네게 명령할 모든 일을 네게 이르리라
출애굽기25:22

본질과 비본질을
구분하는 것이 지혜입니다.
예배의 본질은
하나님과의 만남입니다.

7

휴대전화의 본질

예배가 보이니
삶이 보인다

   이제 우리 주변에 휴대전화가 없는 사람을 보기가 힘듭니다. 아무리 형편이 어려워도 휴대전화는 가지고 있는 것 같습니다. 심지어 아주 어린 아이들의 손에도 휴대전화가 들려 있으니까요. 휴대전화는 대개 스마트폰입니다. 통화만이 아니라 여러가지 다양한 기능을 수행할 수 있어서 스마트폰이라고 부릅니다. 사진을 찍을 수도 있고 게임을 할 수도 있고 복잡한 계산까지 할 수 있습니다. 4G 이후부터 인터넷이 가능하게 되어 메일을 주고받고 사진과 파일을 전송할 수도 있게 되었습니다.

어느 날, 전화기에 달려있는 카메라 렌즈가 심하게 긁혀서 사진을 찍을 수 없다면 불편한 사람이 있을 것입니다. 자, 이제 질문을 해보겠습니다. 휴대전화를 새로운 것으로 바꿀 수 있는 계약기간이 앞으로 한달 남았다면 어떻게 하시겠습니까?

사진을 찍어야 하기 때문에 한 달 남겨놓은 약정 기간을 기다리지 않고 위약금을 지불하면서까지 새로운 휴대전화를 구입할까요? 아니면 한 달을 참고 기다려서 바람직한 가격의 새로운 휴대전화를 구입할까요? 개인적 편차는 있겠지만 많은 사람이 기다리는 쪽을 선택하지 않을까요?

이번에는 다른 문제가 있습니다. 어떤 이유에서인지 휴대전화의 통화 기능이 되지 않습니다. 전화를 걸 수도 없고 전화가 왔는데 받을 수가 없습니다. 그렇다면 남은 계약기간 한 달을 기다릴까요 아니면 당장 어떻게든 해결을 하려고 할까요? 대부분 이 문제가 해결되기 전까지 마음을 놓을 수 없을 것이고 빠르게 방법을 찾으려고 할 것입니다.

왜 어떤 것은 기다릴 수 있는데 어떤 것은 기다릴 수 없는 것일까요? 이것은 본질과 비본질의 차이를 말해주는 것입니다. 기다릴 수 없는 것이 본질입니다. 비상한 의식이 생기고 당장 해결해야하는 문제로 다가오는 것이 본질입니다. 그러나 한 달이라도 기다릴 수 있는 것은 본질이 아닙니다.

예배에는 본질이 있고 본질이 아닌 것이 있습니다. 예배의 본질은 하나님과의 만남입니다. 하나님과 만나지 못하는 예배는 잘못된 예배입니다.

본질에 충실하지 못한 예배입니다. 하지만 예배에서 특송이 있느냐 없느냐는 본질이 아닙니다. 특송할 사람이 준비되어 있지 않다면 기다릴 수 있습니다. 특송이 준비되면 좋겠지만 없다면 기다리면 됩니다. 이것은 본질이 아닙니다. 대표기도 할 수 있는 사람이 없어도 예배는 극복될 수 있습니다. 하지만 예배에서 하나님을 만나지 못하고 있다면 본질에 문제가 생긴 것입니다. 이것은 기다려야 할 문제가 아닙니다. 하나님과의 만남이 경험되고 있지 않다면 어디에 문제가 있는지 시급하게 해결하려는 의지를 보여야 합니다.

예배의 본질은 하나님과의 만남입니다. 예배의 모든 순서마다 하나님과의 만남을 추구해야 합니다. 여러분이 예배의 한 부분을 섬기고 있다면 그 섬김을 통해 모든 예배자들이 하나님을 만나는 것에 초점을 맞추시기 바랍니다. 여러분이 섬기는 자리에 있지 않더라도 예배하는 그 자리에서 하나님과의 만남을 최대의 관심으로 가지시기 바랍니다. 여러분은 하나님과 잘 만나고 있나요?

"그 마음의 숨은 일들이 드러나게 되므로 엎드리어 하나님께 경배하며 하나님이 참으로 너희 가운데 계신다 전파하리라" **고린도전서 14:25**

너희가 내게 대하여 제사장 나라가 되며 거룩한 백성이 되리라
너는 이 말을 이스라엘 자손에게 전할지니라
출애굽기 19:6

우리를 향한
하나님의 뜻은
우리가 먼저
예배자가 되는 것입니다.

8

내 백성을 보내라

예배가 보이니
삶이 보인다

　우리 민족은 일본제국의 식민지가 되어 지배를 받았던 시기가 있었습니다. 무려 35년이라는 긴 시간 동안 나라를 잃은 민족으로 살았습니다. 나라를 사랑하는 사람들은 남녀노소를 가리지 않고 모두 대한의 독립을 위해 싸웠습니다. 그들은 지독한 고문을 당하고 감옥에 갇혔지만 포기하지 않고 대한독립을 외쳤습니다. 처절한 시기를 지나는 동안 생명을 내어놓으면서까지 조국을 순수하게 사랑하는 지도자들이 있었습니다. 백성들은 그들을 존경하고 그들의 정신과 업적을 칭송했습니다.

꿈에 그리던 독립이 이루어졌습니다. 지긋지긋한 일본의 압제에서 벗어났습니다. 하지만 독립이 된 후 5년 만에 우리 민족은 더 큰 비극을 맞게 되었습니다. 6.25전쟁이 벌어진 것입니다. 같은 나라 민족끼리 서로를 무섭고 잔인하게 죽였습니다. 왜 우리는 같은 민족끼리 싸워야 했을까요? 바라던 독립을 이룬 땅에 세우고 싶은 나라에 대한 그림이 달랐기 때문입니다.

일본의 압제 밑에 있을 때에는 서로가 형제와 자매였고 가족이었습니다. 서로를 위해 피를 흘리며 목숨까지 줄 수 있었습니다. 그러나 독립이 된 후 나라에 대한 비전이 다르자 서로 원수가 되었고 더 많은 사람이 희생되었습니다. 그토록 갈망하던 독립을 엄청난 희생과 노력을 들여 이뤘지만 결국 그 희생과 노력이 무색하게 우리는 전세계의 유일한 분단국가로 여전히 살아가고 있습니다.

자유와 독립은 반드시 있어야 합니다. 그러나 독립은 그 차제가 목적이 될 수는 없습니다. 독립은 그 무엇을 위한 시작일 뿐입니다. 독립은 전제조건이지 결코 필요충분조건이 아닙니다. 따라서 독립만 이루면 된다는 생각은 순수하지만 어리석고 위험한 생각입니다. 독립을 이룬 후에 든든히 세워져야 할 나라에 대한 구체적인 비전과 그 비전을 따라 나라를 정의롭게 이끌어갈 지도력이 준비되어 있어야 합니다.

이스라엘 백성의 역사를 보아도 그것은 증명됩니다. 이스라엘은 애굽의 압제 속에서 400년간 노예로 살았습니다. 하나님께서는 모세를 준비시키셨고 애굽의 바로 왕에게 하나님의 뜻을 전하도록 하셨습니다. "내 백성을 보내라!" 하나님은 바로에게 모세를 통해 거듭 같은 말씀을 하셨습니다. "내 백성을 보내라!(출5:1, 7:16, 8:1, 8:20, 9:1, 9:13, 10:3)"

왜 하나님은 내 백성을 보내라고 말씀하셨을까요? 단순히 백성들의 고된 노역에서 구출하기 위함이 아니었습니다. 이스라엘 백성이 애굽에서 빠져나와 독립하는 것 그 자체가 하나님의 목적이 아니었습니다. 출애굽은 아브라함에게 약속하셨던 약속의 성취(창15:13-14)였으며 모든 민족을 구원하시기 위한 한 민족의 태동이었습니다.

출애굽의 목적은 하나님을 예배하는 민족을 만들기 위한 것이었습니다. 그 하나님의 뜻을 몰랐던 바로는 하나님의 목적을 무시했고 시작도 하지 못하게 방해했습니다. 하지만 하나님께서는 강한 팔로 바로의 생각을 꺾으셨고 이스라엘 백성은 하나님의 크신 능력을 경험하며 애굽에서 독립될 수 있었습니다. 그러나 이것은 시작에 불과합니다.

이후 40년동안 이어진 광야생활은 이스라엘 백성들이 우상과 노예의식을 벗어 버리고 하나님을 경외하며 사는 삶이 어떤 것 인지 배우는 시간이었습니다. 하나님은 예배하는 백성을 세우시기 위하여 성막을 만들어 직접 예배 훈련을 시키셨습니다. 그리고 그 모든 훈련과정이 진행되는 동안 하나님의 손과 발이 되어 이스라엘 백성을 예배의 자리로 인도한 모세라는 지도자가 있었습니다. 모세는 이스라엘 백성을 예배 공동체로 만들고 싶어하시는 하나님의 마음을 알고 있었습니다. 그리고 백성의 심장마다 하나님의 말씀에 대한 경외가 심겨져야 한다는 것도 알았습니다. 모세의 위대함은 자신의 뜻과 유익을 위해서가 아니라 오직 하나님의 뜻을 알고 그 뜻을 이뤄 드리기 위해 삶을 내어놓았다는 데 있습니다.

교회는 세상에서 빼 내어 부름을 받은 무리들입니다. 구원받고 세상에서 빠져나온 것은 시작의 역사입니다. 하지만 구원 후의 삶이 더 중요합니다. 이스라엘 백성이 광야에서 불기둥과 구름기둥으로 세심하게 인도하시는 하나님을 경험하고, 하나님만 예배하고 의지하는 것을 배웠듯이 구원 후의 부름 받은 자의 삶은 이와 같아야 합니다. 하나님 한 분만 바라보며 예배하는 예배자들로 살아야 하는 것입니다. 출애굽의 목적을 보지 못했던 사람들은 광야에서 방황하다가 죽었습니다. 교회가 구원의 목적을 보지 못하면 이 역시 그들의 운명과 다를 바가 없게 됩니다.

교회는 선교와 교육과 봉사가 너무도 중요합니다. 하지만 궁극적으로 교회는 예배를 위한 하나님의 비전을 보아야 합니다. 교회가 하나님의 궁극적인 목적을 보지 못하면 개인의 이념과 사상을 주장하며 싸우는 이데올로기 전쟁터가 될 수 있습니다. 예배자가 되지 못한 사람들의 선교, 예배자로 키우지 못하는 교육과 봉사는 교회 지도자들 자신의 왕국을 이루는 수단으로 전락될 수 있습니다.

하나님의 궁극적인 뜻은 먼저 예배자가 되는 것입니다. 그 비전과 영광스러움을 볼 수 있어야 하나님을 섬길 수 있습니다. 하나님의 마음을 잘 아는 교회는 한 마음으로 든든히 서 갈 수 있습니다. 궁극적인 관심이 예배와 예배자가 되는 것에 있어야 합니다. 다른 것을 붙잡지도 붙잡히지도 말아야 합니다. 지금도 주님은 교회와 지도자들을 향해 거듭 말씀하고 계십니다. "내 백성을 보내라! 그들이 나를 섬길 것이니라!"

"여호와께서 모세에게 이르시되 너는 바로에게 가서 그에게 이르기를 여호와의 말씀에 내 백성을 보내라 그들이 나를 섬길 것이니라" **출애굽기 8:1**

"하나님이 이르시되 내가 반드시 너와 함께 있으리라 네가 그 백성을 애굽에서 인도하여 낸 후에 너희가 이 산에서 하나님을 섬기리니 이것이 내가 너를 보낸 증거니라" **출애굽기 3:12**

이에 예수께서 제자들에게 이르시되 누구든지 나를 따라오려거든
자기를 부인하고 자기 십자가를 지고 나를 따를 것이니라
마태복음 16:24

경외의 신앙은
자기 부인입니다.
내 눈에 들어 온 가치들을
부정할 만큼
하나님의 말씀을
더 가치 있게 보는 것입니다.

9

자기 부인

예배가 보이니
삶이 보인다

    자동차 회사에서 충돌 테스트 영상을 광고로 내보낸다면 어떤 장면을 보여주고 싶을까요? 신뢰를 주기 위한 장면일까요 아니면 실망을 주기 위한 장면일까요? 분명 이정도까지 강하게 테스트해도 견딜 수 있으니 믿어도 된다는 자랑스러운 장면일 것입니다.

    무인 자동차 연구원에게 들은 이야기가 있습니다. 무인 자동차에 대한 실험은 아직도 계속 진행중이라고 합니다. 인명피해를 제로로 만들기 위해서 도로 상에서 벌어질 수 있는 모든 상황을 실험하고 있는 것입니다.

무인 자동차는 사람뿐 아니라 길을 지나 다니는 각종 동물들까지 적응해야 합니다. 이 모든 실험들은 더 이상 의심할 수 없는 결과물을 보기 위해서 하는 것입니다. 계속되는 실험을 거치려면 셀 수 없이 많은 시행착오와 차가 완전히 망가지는 것까지 감수해야 합니다. 결국 모두가 신뢰할 수 있는 자랑스러운 장면을 보기 위해서 시험하고 있는 것입니다. 이처럼 완성된 무언가는 시험이라는 과정이 있었던 것입니다.

하나님은 아브라함에게 사랑하는 독자 이삭을 바치라고 요구하셨습니다. 성경은 분명히 시험하시기 위해서였다고 알려줍니다. 그렇다면 지금 주어진 이 시험을 위해 이전부터 이어져온 다른 시험의 과정이 있었다는 것입니까? 예, 맞습니다. 하나님은 이전에 이미 아브라함에게 기근에 대한 시험, 물질에 대한 시험, 관계에 대한 시험, 두려움에 대한 다각도의 시험을 치르게 하셨습니다. 끝으로 후손에 대한 시험도 이스마엘이라는 실패를 통해 배우게 하셨습니다.

이스마엘은 아브라함이 믿음으로 얻은 아들이 아닙니다. 하나님의 약속을 믿기 보다 인간적인 방법으로 얻은 아들로 인해 마음의 부대낌과 현실의 아픔을 겪어야 했습니다. 이 일을 통해 아브라함은 하나님이 준비하신 아들이 따로 있다는 것을 확실하게 배웠습니다.

드디어 하나님께서는 아브라함에게 불가능한 출생을 허락해 주셨습니다. 100세의 나이에 아들을 주신 것입니다. 아브라함이 이삭을 보면서 무슨 생각이 들었을까요? 하나님의 약속을 믿지 못해 다른 선택을 했던 자신의 가슴을 쓸어내리고, 하나님이 정말 무에서 유를 창조하시는 분이라는 것을 믿게 되었을 것입니다.

아브라함은 하나님을 경외하는 신앙으로 성장했습니다. 경외의 신앙은 다른 것이 아닙니다. 자기 부인입니다. 보이는 것이 그 어떤 것이든 하나님의 말씀보다 중요하지 않다는 믿음에 서는 것입니다. 존재하는 모든 것은 말씀에서 나왔기 때문입니다. 나타난 것이 나타나게 한 것 보다 중요할 수는 없습니다. 그래서 경외는 하나님의 말씀을 100% 믿는 것입니다. 하나님의 말씀보다 보이는 것을 더 중요하게 생각하는 것이 불신앙이며 세속화된 생각입니다. 불신앙과 세속화를 조장하는 사단은 언제나 이것을 강조하고 하나님을 경외하는 우리의 시선을 보이는 것으로 돌리기 위해 유혹합니다.

드디어 하나님께서 자랑스럽게 생각하시는 마지막 시험을 해야 할 때가 왔습니다. 아브라함은 이제 그 어떤 것 보다 더 하나님을 경외하는 사람으로 만들어졌기 때문입니다. 인간적으로는 끔찍한 시험이겠지만 그 이면에는 하나님을 경외하는 사람이 만들어졌다는 확신 때문에 하나님은 모리아산에서 증명해 보이고 싶었던 것입니다.

"그 일 후에 하나님이 아브라함을 시험하시려고 그를 부르시되 아브라함아 하시니 그가 이르되 내가 여기 있나이다 여호와께서 이르시되 네 아들 네 사랑하는 독자 이삭을 데리고 모리아 땅으로 가서 내가 네게 일러 준 한 산 거기서 그를 번제로 드리라" 창세기 22:1-2

아브라함은 이삭을 데리고 모리아산으로 가는 도중에 종들에게 말합니다.

"이에 아브라함이 종들에게 이르되 너희는 나귀와 함께 여기서 기다리라 내가 아이와 함께 저기 가서 예배하고 우리가 너희에게로 돌아오리라 하고" **창세기22:5**

이 구절은 성경에서 예배라는 표현이 처음 등장하는 문장입니다. 아브라함이 말하는 예배는 다름이 아니라 이삭을 바치는 것이었습니다. 이삭을 바친다는 것은 아브라함이 가장 사랑하고 소중하게 여기는 전부와 같은 존재를 내려 놓는 것입니다. 하나님의 말씀을 준행하기 위해 자신을 부인하고 올려 드리는 것이 예배의 정신입니다.

아내의 사촌동생이 가족여행 중에 갑자기 쓰러져 응급실로 실려갔던 적이 있습니다. 호흡곤란으로 죽을 수도 있는 심한 알레르기 반응을 보인 것입니다. 저도 알레르기로 고생을 해 보았지만 알레르기는 3000가지 이상의 반응 시험을 해 봐야 알 정도로 그 원인을 알기 어렵습니다. 그래서 정말 위급한 상황이 아니면 대부분 견디며 삽니다. 그러나 이 경우는 생명이 위험한 상황이었습니다. 감사하게도 탁월한 의료진을 만나서 알레르기의 원인을 찾았습니다. 의사는 집에서 동물을 키웠던 적이 있었는지를 물어보았습니다. 사촌은 불현듯 이전에 토끼를 키웠던 것이 생각났습니다. 결정적인 원인을 알게 된 것이 복이 되었습니다. 새 생명을 얻은 것입니다.

우리의 삶은 복잡한 문제들로 얽혀 있습니다. 원인을 알 수 없는 문제에

시달리기도 합니다. 그러나 이 모든 것은 결국 하나의 원인과 관련이 있습니다. 내가 주인으로 살고 있는 것 그것입니다. 내가 주인이 된 삶에는 알레르기와 같은 반응이 나옵니다. 그다지 심하지 않은 반응도 있지만 경우에 따라서 심각한 상황에 처할 수가 있습니다. 하나님께서는 하나님을 경외하는 예배자가 되어 문제에서 벗어나기를 바라십니다. 우리의 모든 문제는 하나님이 주시는 것이 아닙니다. 내가 주인으로 살기 때문에 하나님으로부터 오는 축복의 통로를 우리가 차단하고 있는 것입니다.

하나님은 우리가 하나님을 경외할 수만 있다면 당신의 모든 것을 다 주고 싶어하십니다. 그것이 에덴을 만드실 때에 가지셨던 꿈입니다. 그러므로 예배는 하나님을 향한 경외를 나타내 보이는 시간이어야 합니다. 여러분의 경외는 어디까지 왔습니까? 하나님을 어디까지 믿을 수 있습니까? 어디까지 믿는가는 무엇까지 내려 놓을 수 있는가를 말합니다. 우리는 하나님이 자랑스럽게 여길 수 있는 예배자가 되어야 합니다. 자기부인이 없는 예배는 하나님을 위한 예배가 아니라 자기를 위한 예배입니다. 하나님은 하나님을 경외하는 예배자에게 친밀한 사랑을 나타내시고 새로운 언약을 보여 주실 것입니다.

"사자가 이르시되 그 아이에게 네 손을 대지 말라 그에게 아무 일도 하지 말라 네가 네 아들 네 독자까지도 내게 아끼지 아니하였으니 내가 이제야 네가 하나님을 경외하는 줄을 아노라" 창세기 22:12

하나님을 잊어버린 너희여 이제 이를 생각하라
그렇지 아니하면 내가 너희를 찢으리니 건질 자 없으리라
감사로 제사를 드리는 자가 나를 영화롭게 하나니
그의 행위를 옳게 하는 자에게 내가 하나님의 구원을 보이리라
시편 50:22-23

감사는
예배의 문입니다.
예배가 은혜의 동산에 들어가는 경험이라면
감사로 문을 열어야 합니다.

10

예배의 문

예배가 보이니
삶이 보인다

감사를 잃어버리면 아름다운 동산을 잃어버립니다. 첫 인류, 아담과 하와의 실패를 통해 우리는 이 사실을 보았습니다. 하나님이 만드신 에덴 동산은 완벽하게 아름답고 기름진 곳이었습니다. 그런 곳에서 아담과 하와는 하나님이 금하신 선악과를 먹었습니다. 하나님과의 언약 관계가 깨어진 것입니다. 마귀는 그 틈을 타 하나님에 대한 불신을 심었습니다. "하나님은 너희들이 행복한 것을 원치 않는다. 어쩌면 하나님은 너희가 어떻게 해야 행복한지 모를 수 있다. 그러므로 너희들 스스로 행복을 쟁취하라"고 유혹했습니다.

사람은 감사를 잃고 하나님에 대한 불신이 생기면 욕심에 집착하고 욕심을 따라 행합니다. 그들은 선악과에 집착했습니다. 선악과를 볼 때 마다 의심과 불만이 증폭되었습니다. 불신이 극에 달하자 결국 하나님께 독립을 선언하며 선악과를 따 먹었습니다. 심각한 죄의 바이러스가 영혼에 퍼졌습니다.

"하나님을 알되 하나님을 영화롭게도 아니하며 감사하지도 아니하고 오히려 그 생각이 허망하여지며 미련한 마음이 어두워졌나니" **로마서 1:21**

하나님은 그들을 동산에서 쫓아 내야 했습니다. 그들의 생각이 죄의 바이러스에 감염되었기 때문입니다. 동산을 지켜내기 위해서는 절대 격리가 필요했습니다. 하나님은 그들을 동산에서 쫓아 내시고 불검과 화염검으로 지키게 하였습니다. 감사를 잃어버리고 아름다운 동산을 잃어버린 것입니다.

생각해 보세요. 음식의 주인을 생각하며 한끼를 금식했을 때 평생 어떤 종류의 음식이든 원하는 대로 제공된다면 감사한 일 아닐까요? 대형 마켓에 진열되어 있는 상품 중에 한 가지를 영원히 포기했을 때 나머지 모든 상품을 언제든지 가져 갈 수 있다면 감사한 일 아닐까요? 어리석은 사람은 무한히 가질 수 있는 것을 생각하지 않고 가질 수 없는 단 한 가지에 생각이 붙잡혀 있습니다.

감사는 나에게 없는 것이 아니라 내가 가진 것을 생각할 때 일어납니다. 받은 은혜를 생각하고 받은 것을 받았다고 표현하는 것이 감사입니다. 겸손해야 감사할 수 있습니다. 감사는 믿음의 표현입니다. 또한 감사는 행복 지수와 관련이 있습니다. 행복한 이유를 보면 그 속에 감사한 이유가 들어 있습니다. 감사는 영혼의 건강상태를 말해줍니다. 영혼이 맑고 성숙하다는 증거입니다. 믿음의 표현, 성숙의 척도, 행복의 필요조건을 모두 품고 있는 감사는 하나님의 뜻입니다.

하나님은 다시금 동산으로 불러 주시기 위해 먼저 우리 안에 들어온 죄의 바이러스를 처리하셔야 했습니다. 예수님은 우리의 죄를 처리하시기 위해 속죄 제물이 되어 주셨습니다. 예수님의 대속의 피를 믿을 때 동산에 들어갈 자격을 주시고 은혜의 보좌 앞에 들어갈 수 있는 특권을 주십니다. 그러므로 하나님의 사랑과 언약의 말씀을 소중히 여겨 구속의 은혜에 감사하는 사람들이 되어야 합니다.

예배의 문은 감사로 열어야 합니다. 감사없이 들어간 사람의 마음에는 예배가 열리지 않습니다. 감사가 없는 찬송은 아무리 불러도 열납되지 않습니다. 찬송은 감사한 이유를 표현하는 것입니다. 감사가 없다면 진정한 찬송이 될 수 없습니다. 그러므로 감사로 문을 여는 연습과 훈련이 필요합니다. 따끈따끈한 감사를 가슴에 달고 예배의 문을 엽시다!

"감사함으로 그의 문에 들어가며 찬송함으로 그의 궁정에 들어가서 그에게 감사하며 그의 이름을 송축할지어다" **시편 100:4**

여호와께서 사무엘에게 이르시되
그의 용모와 키를 보지 말라 내가 이미 그를 버렸노라
내가 보는 것은 사람과 같지 아니하니
사람은 외모를 보거니와 나 여호와는 중심을 보느니라 하시더라
사무엘상 16:7

꼭 맞는 열쇠는
정해진 문을 위해서만 존재합니다.
우리는 하나님의 마음에
꼭 맞는 예배자가 되어야 합니다.

11

꼭 맞는 열쇠

예배가 보이니
삶이 보인다

　가끔 물건을 찾는데 쓰여지는 시간이 생각보다 많다고 느낄 때가 있습니다. 아무리 찾아도 물건을 찾을 수 없을 때는 마치 물건에 발이 달려 어딘가에 숨어 있는 것처럼 여겨집니다.

　어느 날, 중요한 약속이 있어서 시간에 맞추어 나가려 하는데 자동차 열쇠가 보이지 않았습니다. 모든 약속이 다 중요하겠지만 어떤 약속은 계약과 직결되기도 하고 중요한 일을 성사시켜야 하는 만남일 때가 있습니다. 그 날이 그랬습니다. 한번 만나기가 쉽지 않은 분과의 약속이었습니다. 그리고 약속에 대한 첫 인상을 좋게 하고 싶었기 때문에 마음이 급해졌습니다.

아무리 열쇠를 찾아도 나오지 않을 때의 마음은 초조해질 수밖에 없습니다. 찾고 또 찾아도 나오지 않으면 절박해집니다. 이렇게 찾고 또 찾으시는 하나님 아버지의 심정을 예수님이 알려 주셨습니다.

"곧 이 때라 아버지께서는 자기에게 이렇게 예배하는 자들을 찾으시느니라"요 4:23

예수님은 하나님이 찾으신다는 표현을 위해 '제테오(zeteo)'라는 용어를 사용하셨습니다. 이것은 평온한 가운데 찾으시는 것이 아닙니다. 우리가 간절하게 무언가를 찾듯이 절박한 심정으로 찾을 때 사용되는 용어입니다. 이처럼 하나님께서는 손에 들려질 열쇠를 찾는 것처럼 하나님의 마음에 꼭 맞는 예배자를 찾고 계십니다.

열쇠는 상대하는 물건의 가치만큼 조밀하게 깎여져 있습니다. 아무 열쇠나 열고 들어갈 수 있는 문은 평범하고 하찮은 문입니다. 상상할 수 없는 고가의 물건이 보관되어 있는 곳의 문은 아무나 쉽게 복제하거나 열수 없도록 열쇠를 난해하게 조각하여 만듭니다. 열고 들어가기에 합당한 사람만을 위해서입니다.

하나님께서 열쇠와 같은 사람을 찾으시는 이유가 있습니다. 그 사람을 사용하여 역사의 새로운 문을 열고자 하시기 때문입니다. 하나님께서는 하나님의 마음에 맞는 예배자로 하여금 역사의 새로운 장을 열어야 안전하고 마땅하다고 보십니다. 예를 들면, 안디옥 교회가 열쇠와 같은 교회로 쓰임 받았습니다. 성령님은 안디옥 교회에게 바울과 바나바를 따로 세워 파송하라는 음성을 듣게 하셨습니다.

"주를 섬겨 금식할 때에 성령이 이르시되 내가 불러 시키는 일을 위하여 바나바와 사울을 따로 세우라 하시니" **사도행전 13:2**

이 때에 인간적인 생각을 가졌다면 교회의 두 기둥과 같은 지도자를 파송하기가 불가능 했을 것입니다. 지금 내가 속한 교회에 가장 믿음직하고 의지하고 싶은 두 지도자를 파송하라는 음성이었습니다. 감사하게도 안디옥 교회는 하나님을 잘 섬기기 위해 금식하며 하나님의 음성에 귀를 기울이는 중이었습니다. 하나님을 섬기고 하나님의 마음에 맞는 교회가 되기 원했기에 하나님의 손에 들려지는 열쇠가 되었고 선교의 새로운 장을 여는 일에 쓰임을 받았습니다.

열쇠는 자세히 관찰해 보면 움푹 들어간 부분과 삐죽 튀어나온 부분의 불규칙한 배열로 이루어져 있습니다. 깎여진 형태가 열쇠마다 모두 다릅니다. 하나님이 찾으시는 예배자는 인격과 삶에서 깎여진 부분이 섬세합니다. 하나님이 낮추시고자 하는 부분이 있을 때 자신을 하나님께 기꺼이 드려 깎이는 사람이 예배자입니다. 또한 철저히 높여야 할 부분을 높이고자 하실 때 믿음으로 순종하는 담대함을 간직한 사람이 참된 예배자입니다.

꼭 맞는 열쇠는 정해진 문을 위해서만 존재합니다. 그 열쇠만 열 수 있도록 계획되었기 때문입니다. 꼭 맞는 열쇠처럼 하나님의 마음에 꼭 맞는 예배자가 되는 꿈을 꾸시기를 바랍니다.

"다윗을 왕으로 세우시고 증언하여 이르시되 내가 이새의 아들 다윗을 만나니 내 마음에 맞는 사람이라 내 뜻을 다 이루리라 하시더니 하나님이 약속하신 대로 이 사람의 후손에서 이스라엘을 위하여 구주를 세우셨으니 곧 예수라"

사도행전 13:22-23

하나님은
하나님의 마음에 맞는
열쇠와 같은 사람을 찾으십니다.
그 사람을 사용하여
역사의 새로운 문을
열기 원하십니다.

내가 진실로 너희에게 이르노니
온 천하에 어디서든지 이 복음이 전파되는 곳에서는
이 여자가 행한 일도 말하여 그를 기억하리라 하시니라
마태복음 26:13

참된 예배는
상상할 수 없는 은혜가 있습니다.
예수님의 발 앞에서만 볼 수 있고 들을 수 있는
진리가 있습니다.

12

거룩한 낭비

예배가 보이니
삶이 보인다

　가끔 돈을 쓰면서 심리적 모순을 겪을 때가 있습니다. 십 만원을 쓰면서도 기분이 좋을 때가 있는가 하면 만원이 아까워 불쾌할 때도 있습니다. 사랑하는 사람을 위해 쓰여지는 돈은 없어서 아쉬워하면서도 계산적인 마음이 들 때는 천원도 아까워합니다. 실제로 음식점에서 종업원이 불친절하면 팁을 한 푼도 주고 싶지 않습니다. 하지만 가족처럼 대해주면 평소보다 팁을 더 많이 주게 됩니다.

　한 자매가 식당에서 일을 하며 경험한 이야기를 들려주었습니다. 어느 날 저녁 늦은 시간에 한 손님이 들어왔는데 기분이 많이 안 좋아 보였습니다. 그래서 더 밝은 표정으로 신경을 써 주려고 노력했습니다. 자매는 그 손님이 식사를 마치고 나가면서 팁을 한 푼도 주지 않았지만 개의치 않았습니다. 다음날 식당에 출근해 보니 어제 왔었던 그 손님이 편지와 함께 팁을 놓고 갔다고 합니다. 그 편지에는 어제 저녁에 기분이 울적 했었는데 너의 밝은 표정과 친절함으로 기분이 좋아졌고, 팁을 많이 주고 싶었지만 돈이 없어서 주지 못했었다고… 오늘 다시 감사하는 마음을 전한다고 쓰여 있었습니다. 우리는 살면서 이렇게 더 많이 주고 싶을 때가 있습니다.

성경에는 마리아라는 이름을 가진 여인이 노동자의 일년 임금만큼의 값어치 있는 향유를 예수님의 발에 부어 드린 이야기가 나옵니다. 향유가 왜 그렇게 비싸야 했는지 잘 이해가 되지 않지만 물 부족으로 인해 제대로 씻지 못하던 문화에서는 냄새를 향기로 바꾸어 주는 향유가 여인들에게 소중했던 것 같습니다.

마리아는 어떤 심정이었기에 예수님의 발에 그 비싼 향유를 부어 드릴 생각을 했을까요? 그것을 주님께 붓지 않고 드리면서 "주님, 이것을 팔아 선교와 구제를 위해 써 주세요. 하나님 나라를 위해 주님이 필요한 곳에 써 주세요."라고 해도 되지 않았을까요? 그런데 왜 그 비싼 향유를 내일이면 흔적도 없이 사라질 곳에 부었을까요? 이러한 마리아의 행동에서 예배에 대한 몇 가지 진리를 배울 수 있습니다.

예배의 동기

예배의 가장 큰 동기는 무엇일까요? 이것은 예배에서 가장 중요한 질문 중에 하나입니다. 예배는 무언가를 얻는 시간일까요 아니면 무언가를 드리는 시간일까요? 우리는 왜 예배하는 것일까요?

기독교의 예배는 계시와 은혜라는 진리에서 출발합니다. 예배의 진정한 동기는 하나님이 보여 주신 계시에 응답하고 받은 은혜에 감사하는데 있습니다. 어떤 조건 때문에 예배하는 것이 아닙니다. 예배의 순수한 동기는 은혜 때문입니다. 원하는 것을 얻기 위한 계산 때문에 예배하는 것은 진정한 예배의 출발점이 될 수 없습니다.

이 세상에는 조건 때문에 예배하는 종교적인 예배가 많이 있습니다. 그러한 조건적 예배에는 신을 조종하려는 생각이 깔려 있습니다. 한 은행 직원이 은행 돈을 훔쳐서 큰 굿판에 쓰려다가 발각된 적이 있습니다. 그 사람은 신에게 정성을 보여야 한다는 생각이 간절했습니다. 그래서 자신이 가지고 있는 돈의 액수로는 정성이 모자라 은행 돈까지 훔쳐 정성을 보이려고 했던 것입니다. 이러한 일을 저지를 수 있는 동기는 화가 난 신을 정성으로 달래야 불행을 막을 수 있다는 가르침이 있었기 때문입니다. 잘못된 가르침을 믿으면 거짓된 행위도 얼마든지 정당화시킬 수 있습니다. 우상은 바로 이러한 생각을 투영시키는 도구입니다.

진정한 예배는 진리와 함께 가야 합니다. 예배는 하나님께서 보여주신 진리와 은혜에 응답할 수 있어야 합니다. 너무도 크신 하나님의 은혜와 사랑 때문에 반응하는 것입니다. 사랑하면 가진 것을 다 쓰면서까지 아까워하지 않습니다. 마리아는 전부를 바치고 싶은 마음을 표현했습니다. 어떤 조건이 없었습니다. 하나님을 사랑했던 다윗도 하나님의 법궤 앞에서 춤을 추면서까지 하나님의 사랑과 은혜에 반응했습니다.

"이는 여호와 앞에서 한 것이니라 그가 네 아버지와 그의 온 집을 버리시고 나를 택하사 나를 여호와의 백성 이스라엘의 주권자로 삼으셨으니 내가 여호와 앞에서 뛰놀리라 내가 이보다 더 낮아져서 스스로 천하게 보일지라도 네가 말한 바 계집종에게는 내가 높임을 받으리라" **사무엘하 6:21-22**

오늘 우리는 예배의 동기를 살펴야 합니다. 깨달음과 행복에 대한 관심으로만 예배의 자리에 모이지는 않았나요? 그렇다면 지혜에 능한 수도승의 메시지를 듣기 위해 모여드는 사람들과 차이가 없습니다. 왜 우리는 예배하나요? 예배는 하나님의 사랑과 은혜에 대한 감격으로 시작되어야 합니다.

예배의 대가

베다니에 살았던 나사로의 동생 마리아가 예수님께 향유를 부었을 때 분개한 사람이 있었습니다. 그 사람은 예수님의 제자들 중에 예수님을 판 가룟 유다였습니다(요12:4-5). 어떤 측면에서는 분개할 만도 했습니다. 지금 굶어 죽어가는 사람들이 많은데 그 값어치를 땅에 부어 버리는 것은 어리석은 짓으로 보였습니다. 그러나 우리는 분개하는 사람이 어떤 사람인지, 그의 생각의 진짜 동기가 무엇인지도 알 수 있어야 합니다. 옳은 말을 한다고 해서 옳은 사람이 되는 것은 아닙니다.

가롯 유다는 어떤 사람이었습니까? 가난한 사람을 생각할 만큼 정말 경건한 사람이었을까요? 가롯 유다는 예수님의 열 두 제자 중에서 회계를 맡았습니다. 어느 정도 신뢰가 있고 계산이 정확해야 회계를 맡길 수 있습니다. 그러나 유다는 제자들이 모르는 비밀이 있었습니다. 유다는 제자들이 모르게 헌금을 훔쳐 가는 사람이었습니다. 그가 분개한 이유는 따로 있었습니다.

"이렇게 말함은 가난한 자를 생각함이 아니요 그는 도둑이라 돈궤를 맡고 거기 넣는 것을 훔쳐 감이러라" **요한복음 12:6**

이렇게 말과 삶이 다른 위선자들이 있습니다. 그런 사람들 때문에 더 큰 낭비가 생겨난다는 것을 기억해야 합니다. 그렇다면 사람들은 어떤 기준으로 낭비를 낭비라고 말하나요? 자녀의 죽을 병을 고치기 위해서 집을 파는 것이 낭비일까요? 자녀의 학비를 마련하기 위해서 땅을 파는 것이 낭비입니까? 어떤 경우를 낭비라고 하는 건가요? 이 세상에 소중한 것들은 모두 엄청난 낭비를 거친 것들입니다. 인간에게 없어서는 안 되는 빛과 공기의 값은 얼마인가요? 우리의 구원을 위해 아들을 내어 주신 하나님의 사랑은 낭비인가요 아닌가요? 하나님의 은혜는 하나님의 낭비로 부어진 것입니다.

예배는 최상의 존재에게 최고의 헌신을 드리는 것입니다. 우리가 하나님께 드리는 예배의 태도는 우리가 섬기는 하나님이 어떤 분인지를 알게 해 줍니다. 예배가 시간 낭비일 수 있나요? 바쁘면 만나지 않아도 되는 정도의 하나님을 섬기고 있지는 않은가요?

주님을 정말 사랑하고 주님의 뜻을 따르기 위해 지불하는 대가는 어떤 것도 낭비라고 볼 수 없습니다. 주님을 알고자 주님과 함께 보내는 시간은 결코 낭비가 아닙니다. 그 어떤 것이라도 너무 비싸서 예수님께 드릴 수 없는 것은 없습니다. 많이 사랑하는 사람은 많이 용서받은 사람입니다. 사랑은 사랑하는 만큼 행동하게 합니다. 예배를 낭비라고 비난하는 순간 머리와 가슴은 분리됩니다. 그것은 마리아의 열정과 사랑의 깊이를 이해할 수 없다는 반증입니다. 누군가를 사랑하기 때문에 넘치도록 낭비한 적이 있지 않으신가요? 우리는 사랑의 한계를 정해도 되는 수준의 하나님을 섬겨서는 안 됩니다. 우리가 하나님이 부어주신 거룩한 낭비를 받았다면 우리도 얼마든지 거룩한 낭비를 부어드릴 수 있어야 합니다.

"이러므로 내가 네게 말하노니 그의 많은 죄가 사하여졌도다 이는 그의 사랑함이 많음이라 사함을 받은 일이 적은 자는 적게 사랑하느니라" **누가복음 7:47**

(참고로 이 구절에 나오는 여인은 막달라 마리아를 말합니다. 요한복음 12장에 나오는 여인은 베다니에 살았던 나사로의 동생 마리아입니다. 제가 어릴 적에는 교회가 세워지기 위해서 많은 사람들이 자신의 중요한 가치들을 주님께 드렸습니다. 이처럼 예수님 당시에 여인들은 자신이 간직하고 있던 소중한 향유를 예수님께 부어 드렸습니다.)

예배의 초점

나사로의 동생 마리아는 왜 향유를 예수님의 발에 부어 드렸을까요? 이 행동이 주는 교훈은 너무 중요합니다. 예배는 분명한 초점이 필요합니다. 예수님은 마리아가 왜 그런 행동을 하는지 잘 알고 있었습니다. 예수님의 장례를 준비하는 마음이었다고 마태는 기록하고 있습니다.

"이 여자가 내 몸에 이 향유를 부은 것은 내 장례를 위하여 함이니라" **마태복음 26:12**

실제로 예수님은 제자들에게 여러 차례 자신의 죽음에 대하여 미리 예고하듯 말씀하신 적이 있었습니다. 그런데 제자들은 죽음의 시간을 향해 나아가시는 예수님을 전혀 눈치 채지 못했습니다. 예수님은 며칠 후면 죽으실 분이셨는데 말입니다.

마리아는 예수님의 죽음을 생각했을 때 마음이 안타까웠습니다. 우리의 구원을 위해 죽으러 나아가시는 예수님의 발이 너무도 소중하고 고마운 발로 보이기 시작했습니다. 육신을 입으신 하나님의 아들의 발이 아름답고 소중했습니다. 마리아는 주님의 발을 한 번이라고 씻겨 드리고 싶었을 것입니다. 사람은 아는 만큼 보입니다. 마리아는 예수님의 발이 얼마나 아름다운 발인지 알게 되었기 때문에 전부를 부을 수 있었습니다. 예배는 예수님과 예수님의 행하신 일이 중요한 관심사가 되어야 합니다. 예수님의 발 앞에 엎드려 말씀을 듣는 사람들은 예수님에 대해 눈을 뜨고 새로운 비밀을 더 알게 됩니다. 예배의 초점은 예수님과 예수님의 행하신 일이 되어야 합니다.

예배의 향기

마리아는 향유를 붓기 위해 옥합을 깨뜨렸습니다. 그리고 향유를 예수님의 발에 부으며 자신의 머리카락으로 씻어 드렸습니다. 그녀가 보여 준 행동처럼 예배란 깨어짐이 있어야 합니다. 깨어져야 속에 있는 귀한 것이 나옵니다. 옥합이 깨어져야만 향유가 흐를 수 있습니다. 참된 예배에는 자존심의 옥합, 체면의 옥합, 권위의 옥합이 깨어져야 합니다. 언제 주님 발 앞에서 다 드리고 싶은 마음이 들었나요? 언제 실제로 자신을 깨뜨렸나요? 예배에는 깨어지는 일이 있어야 합니다.

마리아는 깨어지기 위해 대가를 치러야 했습니다. 마리아는 자신의 지참금을 내어 놓았습니다. 아니 자신의 전 재산을 쏟아 부었습니다. 여러분은 어떤 대가를 치르고 있나요? 노래를 부르는 수고만 아니라 손을 드는 수고를 치르고 있나요? 소리치며 춤을 추기 위해 몸을 드리는 대가를 치르고 있나요? 성경에서 명령하는 예배를 위해 어떤 대가를 치르고 있나요? 어쩌면 누군가에게서 "왜 이런 수고와 낭비를 하는가?"라는 분개하는 소리를 듣게 될지도 모릅니다. 하지만 예배는 깨어짐과 수고의 대가가 함께 드려져야 합니다.

마리아가 자신의 머리카락으로 예수님의 발을 씻기는 순간 그녀의 머리에는 향유가 묻어났습니다. 이것이 예배가 하는 일입니다. 우리가 주님을 예배하고 있을 때 우리는 예배의 향기에 흠뻑 취하게 됩니다. 요한은 그 향유 냄새가 집에 가득 찼다고 말해 줍니다. 예배는 우리 내면에서 하나님이 원하시는 진정한 것이 나올 때 향기롭습니다.

"마리아는 지극히 비싼 향유 곧 순전한 나드 한 근을 가져다가 예수의 발에 붓고 자기 머리털로 그의 발을 닦으니 향유 냄새가 집에 가득하더라" **요한복음 12:3**

참된 예배는 악취를 향기로 바꿉니다. 참된 예배는 관계의 벽을 허물어 줍니다. 하나님을 멀리 떠난 자녀들이 그 향기를 맡고 돌아올 수 있습니다. 참된 예배는 교만한 자들을 부끄럽게 합니다. 참된 예배는 온통 하나님이 하신 일로 진동합니다. 마리아는 온 몸으로 예배의 비밀을 풀었습니다. 예배의 능력은 예수님의 발에서 시작되며 예배의 향기는 예수의 발에서 나옵니다.

예배의 은혜

참된 예배는 하나님께 드리는 것이지만 계산할 수 없는 은혜가 있습니다. 예배의 은혜는 하나님의 마음을 알고 새로운 눈이 열린다는 데 있습니다. 예배 안에서 주님의 발 앞에 있을 때 다른 사람이 보지 못하는 것을 보게 됩니다. 가까이서 예수님의 설교와 기적을 경험했던 제자들은 보지 못했던 것을 마리아는 예수님의 발 앞에 머물면서 보게 되었습니다. 마리아처럼 주님의 발 앞에 앉을 줄 아는 사람들이 놀라운 것을 보게 됩니다. 발 앞에 가까이 가는 예배는 상상할 수 없는 보상이 있습니다. 하나님은 하나님을 경외하며 친밀한 사랑을 구하는 사람에게 다른 사람들이 보지 못하는 것을 보게 해 주십니다.

"그에게 마리아라 하는 동생이 있어 주의 발치에 앉아 그의 말씀을 듣더니"

누가복음 10:39

이제는 예배를 생각할 때 내가 무엇을 얻을 것인가가 아니라 먼저 무엇을 드릴 것인가를 물어야 합니다. 역사 속에서 하나님의 제단에는 예배를 위해 수많은 순교의 제물들이 바쳐졌습니다. 물질 만이 아니라 예배자들의 미래가 드려졌습니다. 명예를 내려놓은 사람들이 있었습니다. 귀중한 목숨들이 부어졌습니다. 예배에서 구원과 헌신의 사건이 일어났고, 주님의 사랑 뿐 아니라 주님을 사랑한 사람들의 사랑도 알려졌습니다. 참된 예배는 상상할 수 없는 은혜가 있습니다.

"마리아는 이 좋은 편을 택하였으니 빼앗기지 아니하리라 하시니라"

누가복음 10:42

예수님의 가르침과
기적을 경험했던 제자들이
보지 못했던 것을
마리아는 볼 수 있었습니다.
마리아처럼 주님의 발 앞에 앉아야 보입니다.

찬양이 보인다

찬양이 보인다

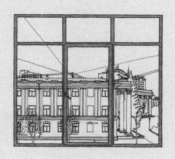

성도들은 영광 중에 즐거워하며 그들의 침상에서 기쁨으로 노래할지어다
그들의 입에는 하나님에 대한 찬양이 있고 그들의 손에는 두 날 가진 칼이 있도다
시편 149:5-6

찬송은
옷과 같습니다.
하나님의 임재 앞에
더 가까이 갈수록
입어야 할 옷이 있습니다.

13

찬송의 옷

예배가 보이니
삶이 보인다

　패션의 기본은 시간과 장소를 염두에 두는 것입니다. 옷은 시간과 장소에 맞도록 입어야 하는 것이지요. 잠옷을 입고 있다면 분명 집일 가능성이 큽니다. 수영장에서 입어야 하는 옷이 있습니다. 장례식에서 입어야 하는 옷과 파티에서 입어야 하는 옷은 분명 다릅니다. 이처럼 옷은 목적에 맞게 입어야 하며 시간과 장소를 구분해서 입어야 합니다.

　찬송은 옷과 같습니다. 슬픔을 노래할 때 입어야 하는 노래의 옷이 있고, 기쁨을 노래할 때 입어야 하는 노래의 옷이 있습니다. 노래를 들으면 그 노래가 어떤 옷을 입고 있는지를 알 수 있습니다. 그래서 찬송의 옷은 우리가 지금 어디에, 어떤 상태에 있는지를 말해 줍니다.

옷은 신분을 나타내 주기도 합니다. 일하러 나가는 일군의 옷이 있습니다. 군인이 입어야 할 옷이 있는가 하면, 학생이 입어야 하는 옷이 있고, 법관이 입어야 하는 옷과 신부가 입어야 하는 옷이 있습니다. 노래 역시 신분에 맞는 노래가 있습니다. 일군의 노래, 죄인의 노래, 종의 노래, 백성의 노래, 군인과 용사의 노래, 자녀의 노래, 신부의 노래들이 있습니다. 우리는 옷을 보는 눈이 있듯이 노래를 보는 눈이 있어야 합니다. 옷을 시간과 장소에 잘 어울리도록 입어야 하듯이 우리가 어디에 있는지를 말해 줄 수 있는 곡을 불러야 합니다.

어떤 옷은 정해진 장소에만 어울리는 옷이 있는가 하면 어떤 옷은 어디에나 잘 어울리는 옷도 있습니다. 어울리지 않는 옷을 입고 있으면서도 그것을 잘 모르는 사람들을 종종 봅니다. 노래의 내용이 천천히 가야 한다고 되어 있는데 노래를 빨리 도망가듯 부르거나, 가사에 잠잠히 기다려야 한다고 되어 있는데 노래를 기다릴 수 없다는 듯 급하게 부르는 경우입니다. 이것은 장례식에 수영복을 입고 나타나는 것과 다르지 않습니다.

여기서 옷을 구분하는 간단한 방법을 알려 드리고 싶습니다. 우리가 찬양과 경배, 복음송, CCM(Christian Contemporary Music) 과 같은 용어를 사용하는 것은 옷을 구분하려는 것입니다. 그것은 시간과 장소와 목적에 맞게 부르고 싶어서 그렇게 하는 것입니다. 안타까운 것은 성경책에 붙어 있는 것이냐, 붙어 있지 않느냐로 찬송과 복음송을 구분하는 사람들이 있습니다. 그것은 모양과 형식만 가지고 구분하는 경우입니다.

찬송의 옷을 구분하는 기준은 무엇일까요? 투명한 컵에 아무것도 들어 있지 않을 때에는 사람들이 그것을 모두 컵이라고 부릅니다. 하지만 투명한 컵에 어떤 내용이 채워지느냐에 따라 호칭이 변하기 시작합니다. 우유가 채워져 있으면 '우유'라고 부릅니다. 그 컵에 담긴 우유를 비워내고 주스를 채우면 그 컵은 '주스'라고 불려집니다. 이처럼 내용이 형식을 결정하게 됩니다. 노래라는 그릇과 형식에 어떤 가사가 들어 있느냐로 찬송인지, 복음송인지를 구분하게 되는 것입니다.

성경책에 붙어 있는 노래라 해서 모두 찬양과 경배라고 부를 수는 없습니다. 그것은 옷을 구분하지 못하는 것과 같습니다. 찬송가집에는 하나님을 찬양하는 노래도 있지만 사람들에게 권면하는 노래도 많이 있다는 사실입니다. 예를 들어 "일하러 가세 일하러 가" 와 같은 노래에는 하나님을 찬양하는 언급이 전혀 없습니다.

하나님은 성막을 지어 주실 때 뜰과 성소와 지성소로 장소를 구분하셨습니다. 그리고 그 장소마다 목적에 맞도록 기구들을 정해 주셨습니다. 모두 하나님의 임재를 향해 나아가는 과정에 필요한 구분이었습니다. 그러므로 뜰에 들어갈 때 어울리는 노래가 있다면, 성소에 들어갈 때 어울리는 노래가 있고 거룩한 지성소 앞에서 불러야 하는 노래가 있습니다.

교회는 노래에 대한 지혜가 필요합니다. 하나님 나라에 가까울수록 불려져야 하는 노래가 있어야 합니다. 하나님의 임재 앞에서 불러야 하는 존영의 노래가 준비되어야 합니다. 하나님은 감사하게도 우리시대에 많은 찬양과 경배의 옷을 선물해 주셨습니다. 성도라면 입술에 신분과 목적에 어울리는 노래의 옷으로 채워져야 합니다. 이제 하나님의 임재에 더 깊이 나아갈 수 있는 옷들을 골라 입을 수 있는 지혜가 있기를 바랍니다.

"무릇 시온에서 슬퍼하는 자에게 화관을 주어 그 재를 대신하며 기쁨의 기름으로 그 슬픔을 대신하며 찬송의 옷으로 그 근심을 대신하시고 그들이 의의 나무 곧 여호와께서 심으신 그 영광을 나타낼 자라 일컬음을 받게 하려 하심이라"

이사야 61:3

교회는
노래에 대한 지혜가 필요합니다.
하나님 나라에 가까울수록
불려져야하는 노래가 있습니다.
성도의 입술에는
신분과 목적에 어울리는 노래들로
채워져야 합니다.

"여호와께 그의 이름에 합당한 영광을 돌리며
거룩한 옷을 입고 여호와께 예배할지어다"
시 29:2

찬양의 풍성함을
경험하려면
찬양에 대한 무지와
무뎌진 마음에서 벗어나야 합니다.

14

누군가의 실수

예배가 보이니
삶이 보인다

　어느 시골 교회에 콘서트를 하러 갔다가 콘서트 보다 더 유익한 일을 하고 온 적이 있습니다. 교회 스피커를 사용하려고 소리를 확인한 결과 한쪽 스피커에서 소리가 나오지 않았습니다. 확인해 보니 오른쪽 스피커에 연결되어 있어야 할 선이 빠져 있었습니다.

담임 목사님께 그동안 스피커를 사용하면서 불편하지 않았는지 여쭤 보았습니다. 그런데 목사님은 아무 문제없이 사용했다고 대답했습니다. 저는 놀랄 수밖에 없었습니다. 물론 목사님은 설교하는 자신의 목소리가 한쪽 스피커로 크게 들렸기 때문에 큰 문제의식을 갖지 못했던 것 같습니다.

빠져있던 스피커 선을 연결하는 순간 이번에는 목사님이 더 놀라셨습니다. 사람은 불편하지 않으면 현상을 유지하려는 속성이 있습니다. 하지만 차이를 알고 나면 그대로 있기가 더 불편해집니다.

우리가 오케스트라와 합창단이 함께 하는 연주회를 갔다고 한번 가정해 봅시다. 조금 비싼 티켓을 구입해서 좋은 자리에 앉았습니다. 공연이 시작되었는데 이상한 상황이 벌어졌습니다. 오케스트라의 연주 소리는 들리는데 합창단의 목소리가 들리지 않는 것입니다. 음향 엔지니어가 실수로 합창단의 마이크가 연결되어 있는 채널들을 꺼 둔 것입니다. 만약 이것이 실제 상황이라면 어떨까요? 이것만큼 큰 실수는 없을 것입니다. 우리는 오케스트라의 합주 소리와 합창단의 목소리가 어우러진 아름다운 조화를 즐기기 위해 그 자리에 있었던 것입니다.

제가 경험한 바로는 많은 사람들이 찬양을 할 때 이 엔지니어의 실수처럼 행동하는 것을 보았습니다. 성경에는 찬양에 대한 다양한 채널이 있습니다. 하나님께서는 사람이 어떤 것을 칭찬하고 자랑할 때 즉, 찬양할 때 보이는 반응이 얼마나 다양한지 아셨습니다. 그래서 성경에 나타난 찬양과 관련된 원어는 70가지가 넘습니다. 하지만 우리가 알아야 할 것은 이렇게 다양한 찬양의 방법이 한국어 성경에는 찬양, 찬송, 감사라는 몇 가지의 단어로만 축소되어 기록되었다는 사실입니다. 그렇다면 여러분은 제가 무엇을 말하고자 하는지 눈치 챘을 것입니다. '손을 들라'는 명령도 '찬양하라'로, '악기를 연주하라'는 명령도 '찬양하라'로 번역이 되어 있다는 것입니다. 그러므로 성경에 나와있는 수많은 '찬양하라'는 말씀에 대해서 어떤 방법으로 찬양을 명하셨는지를 구체적으로 알고 있어야 합니다.

구약성경에는 히브리어 원어로 찬양과 관련된 용어들이 나옵니다. 대표적인 몇 가지를 살펴볼까요?

할랄(Halal)은 '칭찬하다', '자랑하다'는 의미를 가진 단어 입니다.

"할렐루야 그의 성소에서 하나님을 찬양(Halal)하며 그의 권능의 궁창에서 그를 찬양(Halal)할지어다" **시편 150:1**

테힐라(Tehillah)는 할랄의 명사형이며 '칭찬', '찬양' 이라는 의미도 있고 '노래' 라는 개념으로도 사용되는 단어입니다.

"이스라엘의 찬송(Tehillah)중에 계시는 주여 주는 거룩하시니이다" **시편 22:3**

야다(Yadah)는 할랄(Halal) 다음으로 많이 사용된 단어로 두 손을 높이 치켜들고 하나님의 선하심을 고백하며 감사하는 행위를 말합니다.

"여호와의 인자하심과 인생에게 행하신 기적으로 말미암아 그를 찬송(Yadah)할지로다" **시편 107:15**

자마르(Zamar)는 '음악으로 찬양하라', '악기로 연주하라'는 의미의 단어입니다.

"여호와여 주의 능력으로 높임을 받으소서 우리가 주의 권능을 노래하고 찬송(Zamar)하게 하소서" **시편 21:13**

바락(Barak)은 무릎을 꿇거나 엎드려 경배하며 축복하는 행위를 나타내는 단어입니다.

"이제부터 영원까지 여호와의 이름을 찬송(Barak)할지로다" **시편 113:2**

샤바흐(Shabach)는 놀라운 것을 보았을 때 감탄하며 높여 외치는 소리와 행위를 말하는 단어입니다.

"대대로 주께서 행하시는 일을 크게 찬양(Shabach)하며 주의 능한 일을 선포하리로다" **시편 145:4**

이처럼 성경에는 다양한 찬양의 용어들이 있습니다. 우리가 한글 성경만 보면 이런 다양한 용어의 차이를 알 수가 없습니다. 그렇다 보니 각자가 생각하는 찬양에 대한 이미지만을 가지고 찬양을 대하게 됩니다. 찬양을 노래부르는 것으로만 인식 한다든지 아니면 성가대의 합창하는 모습으로만 떠 올릴 수도 있습니다. 찬양이 말하는 다양한 의미들을 안다면 우리는 더 다양하고 풍성한 고백과 표현으로 하나님을 찬양하게 될 것입니다.

찬양은 우리가 생각하는 것보다 훨씬 범위가 넓습니다. 음악적인 요소보다 비 음악적인 요소가 더 많습니다. 월드컵 축구경기에서 극적으로 승리한 팀의 반응을 한번 생각해 보십시오. 그 순간의 감정과 소리와 행동 그리고 태도가 바로 우리가 하나님을 찬양할 때 해야하는 행위와 흡사합니다. 우리가 누군가를 자랑하고 칭찬할 때 노래로만 칭찬하지는 않습니다. 말과 큰 감탄의 소리로 칭찬할 수도 있습니다.

"할렐루야, 여호와의 종들아 찬양(Halal)하라 여호와의 이름을 찬양(Halal)하라"

시편 113:1

"해 돋는 데에서부터 해 지는 데에까지 여호와의 이름이 찬양(Halal)을 받으시리로다"

시편 113:3

위의 말씀 속에 나오는 찬양이라는 말에는 일차적으로 '노래하라'는 말이 없습니다. 물론 찬양의 방법으로 노래가 불릴 수 있습니다. 하지만 찬양을 노래로만 제한할 수는 없는 것입니다. 찬양은 하나님을 높이고 자랑하는 모든 행위를 말하기 때문에 넓은 의미를 생각하고 있어야 합니다.

하나님은 우리를 생각하고 느끼고 행동하는 존재로 창조하셨습니다. 우리는 삶의 순간마다 스치는 다양한 생각과 느낌을 따라 다르게 행동합니다. 하나님을 향한 찬양 또한 때를 따라 다양하게 할 수 있습니다. 70가지 이상의 찬양하는 방법을 열어 놓으셨습니다. 그 가운데 노래로 하나님을 높이는 것이 찬송입니다. 우리는 노래가 아니더라도 입술과 말과 선포로서 하나님을 높일 수 있습니다. 하나님의 행사를 높이고 자랑할 수 있는 것이라면 그 모든 행위가 찬양이 될 수 있습니다.

찬양에 대한 무지와 무뎌진 마음 때문에 다양한 찬양의 소리가 나올 수 있는 채널을 닫아 두는 실수를 하지 않기를 바랍니다. 하나님을 찬양하고자 한다면 한가지 채널로만 찬양하지 맙시다. 찬양의 다양성을 열어 놓고 우리가 할 수 있는 모든 소리와 행동으로 하나님을 찬양합시다!

"나팔 소리로 찬양하며 비파와 수금으로 찬양할지어다 소고 치며 춤 추어 찬양하며 현악과 퉁소로 찬양할지어다 큰 소리 나는 제금으로 찬양하며 높은 소리 나는 제금으로 찬양할지어다 호흡이 있는 자마다 여호와를 찬양할지어다 할렐루야"

시편 150:3-6

찬양의 방법은
그 비결이 정직함에 있습니다.
하나님은 우리를 생각하고 느끼고
반응하는 존재로 지으셨습니다.
하나님이 최고의 현실이 되었을 때
정직한 반응이 나옵니다.
하나님을 자랑할 수 있다면
그 어떤 모습이든지
찬양이 될 수 있습니다.

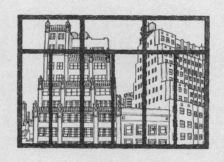

오라 우리가 여호와께 노래하며
우리의 구원의 반석을 향하여 즐거이 외치자
시편 95:1

만족과 자랑스러움과
큰 기대가 있는 곳에
즐거운 소리가 있습니다.

15

즐거운 소리

예배가 보이니
삶이 보인다

예배는 교회의 자화상입니다. 예배를 보면 교회의 정서를 알 수 있습니다. 예배 한 번으로도 하나님과의 관계, 하나님에 대한 확신, 하나님에 대한 관심과 열정과 정성을 볼 수 있습니다. 특별히 하나님을 향한 찬송 소리와 성도들이 서로를 대하는 표정 속에서 교회가 이루어내야 할 수직적, 수평적 관계의 건강함을 확인할 수 있습니다.

살아 있는 예배는 전조증상이 있습니다. 하나님을 향한 즐거운 소리가 그것입니다. 생명이 있는 예배, 만남이 있는 예배, 기대가 있는 예배, 확신이 있는 예배는 소리가 다릅니다. 하나님을 즐겁게 부르는 것은 성도의 증언이며 사명입니다. 그래서 하나님께서는 살아있는 예배를 명령하십니다. 그러면 어느 때 즐거운 소리가 자연스럽게 나오게 될까요?

만족이 있을 때 즐거운 소리가 있습니다. 정말 맛있는 음식에 만족하면 자연스럽게 즐거운 소리가 나오게 됩니다. "바로 이 맛 이야!" 그리고 다른 이들에게 자신있게 권유도 합니다. "꼭 한 번 먹어 봐!"

이처럼 맛있는 식당에 가면 여기저기서 나오는 즐거운 소리가 있습니다. 젊은이들이 많이 모인다는 식당에 갔던 적이 있었는데 음악소리가 너무 커서 대화가 힘들 정도였음에도 음식이 맛이 있으니 음악소리는 방해꾼이 아니었습니다.

하나님의 은혜에 대한 감사와 만족이 있으신가요? 만족하려고 예배하나요 아니면 만족하기 때문에 예배하나요? 만족이 없으면 탐심에 빠집니다. 탐심(greed)은 만족(satisfaction)에 대한 불만의 표현입니다. 그래서 우상숭배는 탐심에서 시작됩니다. 하나님으로 만족하지 않기 때문에 우상에게 달려가는 것입니다. 탐심을 물리치려면 만족을 배워야 합니다. 하나님은 좋은 것으로 만족하게 하시고 새로운 것으로 채워 주시기 원하시는 분입니다.

"좋은 것으로   네 소원을 만족하게 하사 네 청춘을 독수리같이 새롭게 하시는도다"

시편 103:5

자랑스러우면 즐거운 노래를 부릅니다. 2022년 월드컵을 경험한 세대는 즐거운 소리를 알 것입니다. 그 때는 한 달간 밤새 '대한민국'을 외치며 응원가를 불러도 피곤하지 않았습니다. 온 국민이 그렇게 오랜 시간을 한 마음이 되어 즐겁게 불러 본 적이 없었습니다.

이스라엘 백성은 이 보다 더 극적인 체험을 했습니다. 그들은 함께 홍해를 건넜습니다. 물이 벽이 되어 주고 바다가 길이 되어 주었습니다. 애굽의 마병들이 바다에 수장되는 것을 보았습니다. 그들은 밤을 새며 자랑스러운 주님을 불렀습니다. 주님을 부르지 않는 것은 도리가 아니었습니다.

"여호와는 나의 힘이요 노래시며 나의 구원이시로다 그는 나의 하나님이시니 내가 그를 찬송할 것이며 내 아버지의 하나님이시니 내가 그를 높이리로다 여호와는 용사시니 여호와는 그의 이름이로다"   **출애굽기 15:2-3**

"여호와여 신 중에 주와 같은 자가 누구이니이까 주와 같이 거룩하심으로 영광스러우며 찬송할 만한 위엄이 있으며 기이한 일을 행하는 자가 누구이니"

출애굽기 15:11

국가를 대표하는 선수가 세계적인 영웅으로 떠오르면 국민들은 선수의 이름을 즐겁게 부릅니다. 선수의 고난과 역경까지 재조명하며 자랑스러워합니다. 선수가 경기를 역전시키는 결정적인 역할을 하면 자랑스러워하는 소리가 극에 치닫습니다. 그렇지만 이 세상 영웅들의 기록은 다시금 깨어집니다. 지금의 선수가 누군가의 기록을 깬 것처럼 또 다른 영웅들이 떠오르게 됩니다. 하지만 우리에게는 영원한 영웅이 있습니다. 영원히 자랑스러워할 소식이 있습니다. 우리 주 예수 그리스도와 그분께서 죄와 사망의 권세를 깨뜨리셨다는 소식입니다. 십자가와 부활의 복음을 자랑스럽게 여기는 만큼 우리는 즐거운 소리를 내야 합니다. 하늘과 땅의 권세를 가지신 분을 즐겁게 부르고 노래해야 합니다.

기대가 크면 즐거운 소리를 냅니다. 월드컵에 열광하는 사람들은 오늘 이 경기는 어떻게 될까 기대하며 즐거운 소리로 응원합니다. 2002년 월드컵 때 우리나라는 16강을 목표했는데 4강까지 올라갔었습니다. 우리나라 선수들을 향한 기대가 부풀어 올라 터질 것 같았습니다. 그리고 결승까지 가기를 기대하며 목이 쉬도록 대한민국과 선수들의 이름을 불렀습니다. 우리의 목소리가 커지면 선수들이 더 잘 뛰어 주겠지, 기적같은 일이 또 일어나겠지 기대하는 마음으로 불렀습니다. 기대하면 즐거이 소리칠 수 있습니다.

성령의 역사와 능력을 어느 정도로 기대하시나요? 예배가 하나님을 만나는 시간이라면 하나님과의 만남을 어느 정도로 기대하시나요?

예배는 만족에 대한 표현, 자랑스러움에 대한 표현, 기대에 대한 표현입니다. 예배 현장은 만족과 자랑과 기대를 확인하는 현장입니다. 주님을 즐거이 부릅시다!

"즐겁게 소리칠 줄 아는 백성은 복이 있나니 여호와여 그들이 주의 얼굴 빛 안에서 다니리로다" **시편 89:15**

너희는 이 세대를 본받지 말고
오직 마음을 새롭게 함으로 변화를 받아
하나님의 선하시고 기뻐하시고 온전하신 뜻이 무엇인지 분별하도록 하라
로마서 12:2

진정한 찬양에는
삶의 변화와
영적 부요함이 들어 있습니다.

16

포장지의 노래

예배가 보이니
삶이 보인다

성경책을 선물하고 싶은 사람이 있었습니다. 그 사람이 성경의 진리를 만나서 변화되는 것을 보고 싶었죠. 변화된 모습을 생각만 해도 행복했습니다. 하지만 아무리 좋은 성경을 선물한다 할지라도 그가 읽지 않는다면 무용지물이 될 것입니다. 그렇다고 강요할 수도 없습니다. 그 사람이 성경을 펼쳐 보았는지 알 수 있는 방법이 떠올랐습니다.

그 사람의 구두는 심하게 낡아 있었습니다. 그래서 브랜드가 있는 구두 상품권을 구입했습니다. 상품권을 성경책 사이에 끼운 뒤 예쁜 포장지로 포장해 선물했습니다. 포장지를 뜯고 성경책을 열어보았다면 분명 신발부터 변화가 나타날 테니까요.

이제 묻고 싶은 것이 있습니다. 여러분이 저와 비슷한 입장이라면 어떤 것에 관심을 갖게 될까요? 그 사람을 만나는 날 어떤 말이 듣고 싶을까요? 만약 그에게 이런 대답을 들었다면 어떨까요?

"그 포장지는 어디서 구하셨어요? 그런 고상한 색의 포장지는 처음 봤어요. 정말 마음에 들어요. 앞으로 선물할 기회가 있으면 그 포장지를 사용하고 싶어요."

뭔가 아쉬운 마음이 들지 않나요? 다시 만났을 때에도 여전히 포장지에 관한 말만 듣게 된다면 기분이 어떨까요? 아, 아직도 성경책을 열어보지 않았나… 생각하게 되겠죠. 그리곤 그 사람이 새 신발을 신고 기뻐하며 나타날 모습을 계속 기다리게 될 것입니다.

하나님을 향하여 우리는 어떤 모습으로 나아가고 있을까요? 하나님도 우리에게 보고 싶어하는 모습이 있지 않을까요? 하나밖에 없는 아들을 희생시키며 영생을 선물로 주신 분이 우리에게 보고싶은 모습과 듣고 싶은 고백이 당연히 있지 않을까요?

"하나님, 감사해요! 하나님이 주신 은혜로 제 삶에 변화가 생겼어요. 제 발이 더 이상 죄의 길로 가지 않게 되었어요. 이젠 정말 자랑스럽고 떳떳하게 살 수 있게 되었어요!"

이와 같이 변화된 삶의 모습을 감사하고 기뻐하는 고백이 찬양이 되어 흘러나와야 하지 않을까요? 하지만 여전히 포장지만 감사하는 사람처럼 우리의 고백도 그럴 수 있습니다.

변화가 없는 찬양, 내용이 없는 찬양은 바로 이런 포장지에만 관심을 갖는 찬양일 것입니다. 삶의 변화가 없는 십자가의 노래는 포장지만 노래하는 것과 다르지 않습니다. 그렇다면 왜 이런 문제가 생기는 것일까요? 어디에 문제가 있는 것일까요?

말씀을 펼쳐보지 않아서입니다. 하나님의 진정한 의도를 알려고 하지 않아서입니다. 십자가를 노래하지만 하나님이 십자가를 통해 무엇을 그토록 바라셨는지 생각해 보지 않아서입니다. 하나님의 그 바람을 고백하고 삶으로 보여드리는 것이 하나님께 기쁨과 영광이 됩니다.

진정한 찬양은 말씀을 펼쳐 본 찬양입니다. 진정한 찬양은 하나님의 은혜로 삶에 일어난 변화를 가지고 나아가는 찬양입니다. 하나님이 그토록 보고 싶고 듣고 싶으셨던 것을 보여드리고 들려드리는 것입니다. 그것이 고백의 변화이든, 삶의 변화이든, 습관의 변화이든, 관계와 목적의 변화이든 주님께서 내 안에서 하신 일을 자랑하고 드러내는 증언이 있는 찬양이 되어야 합니다. 내 안에 변화와 영적 부요함이 없다면 진정한 찬양이 될 수 없습니다. 포장지만 노래하지 말아야 합니다.

"그리스도의 말씀이 너희 속에 풍성히 거하여 모든 지혜로 피차 가르치며 권면하고 시와 찬송과 신령한 노래를 부르며 감사하는 마음으로 하나님을 찬양하고"

골로새서 3:16

다윗이 여호와 앞에서 힘을 다하여 춤을 추는데 그 때에 다윗이 베 에봇을 입었더라
다윗과 온 이스라엘 족속이 즐거이 환호하며 나팔을 불고
여호와의 궤를 메어오니라
사무엘하 6:14-15

하나님은
악보와 입술에 의존하는
노래가 아니라
성품과 의지와 힘을 다한
마음의 고백을 받고 싶어 하십니다.

17

카덴차(Cadenza)

예배가 보이니
삶이 보인다

　　음악 용어 중에 '카덴차(Cadenza)'가 있습니다. 카덴차란 독주 악기와
오케스트라가 함께 연주하는 콘체르토(Concerto)에서 독주 악기 연주자
의 화려한 기교를 보여주기 위해 포함되었던 즉흥 솔로 연주 구간을 말합
니다. 이 즉흥연주의 천재로는 모짜르트(Mozart)가 잘 알려져 있죠. 그 시
대에는 작곡자 자신이 독주자인 경우가 많았으므로 즉흥연주가 더 가능
했는지도 모르겠습니다. 그러나 시간이 갈수록 즉흥연주가 사라졌습니
다.

고전주의 후반에는 카덴차를 악보에 직접 적어 놓기 시작했습니다. 그리고 현대에 와서는 그려진 악보에 의존하게 되었습니다. 한편으로는 자발적이고 창조적인 것에서 경험할 수 있었던 아름다움을 잃어버렸다고 볼 수 있습니다.

오늘날 우리가 드리는 예배에서도 카덴차를 잃어버린 것 같은 문제를 겪고 있습니다. 예배의 아름다움은 자발성입니다. 자발성은 감동을 줍니다. 하지만 예배에서 자발적이고 창조적인 것이 아닌 짜여진 것에 의존하고 있다면 카덴차를 잃어버린 것입니다. 찬양에 있어서 이런 카덴차를 살려내는 것이 예배 사역의 과제입니다.

우리의 영혼 깊은 곳에서 한 번도 타보지 못한 선율과 고백을 일으키고 깨워야 합니다. 하나님은 악보와 입술에만 의존하는 노래가 아니라 우리의 성품과 뜻과 힘을 다하는 마음의 고백을 받고 싶어 하십니다. 우리의 찬양 가운데 자발적이고 창조적인 카덴차가 회복되길 바랍니다.

"그러면 어떻게 할까 내가 영으로 기도하고 또 마음으로 기도하며 내가 영으로 찬송하고 또 마음으로 찬송하리라" **고린도전서 14:15**

예배의 아름다움은
자발성입니다.
우리의 영혼 깊은 곳에서
한 번도 타 보지 못한
선율과 고백을 불러내야 합니다.

그가 사모하는 영혼에게 만족을 주시며
주린 영혼에게 좋은 것으로 채워주심이로다
시편 107:9

진정한 예배자는
하나님만으로 만족합니다.
하나님의 임재 앞에서
어린아이와 같습니다.

18

초콜릿 마니아

예배가 보이니
삶이 보인다

　초콜릿을 정말 좋아하는 사람들이 있습니다. 초콜릿을 좋아하는 사람은 초콜릿의 모양과 상관없이 모든 초콜릿에 흥분합니다. 네모난 초콜릿, 세모난 초콜릿, 둥근 초콜릿, 얇은 초콜릿, 두툼한 초콜릿, 견과류가 들어간 초콜릿, 체리가 섞인 초콜릿, 그 어떤 초콜릿이든 보는 순간 어린아이처럼 반응합니다.

초콜릿을 좋아하는 사람은 초콜릿의 다양성을 즐깁니다. 또한 새로운 초콜릿을 발견하면 또 다른 새로운 맛을 즐기는 것을 특권처럼 여깁니다. 이것이 진정한 '마니아(mania)' 입니다. 초콜릿에 미쳐 있는 사람은 세상에 존재하는 모든 초콜릿이 존재하는 이유가 있다고 생각합니다. 어떤 초콜릿에 대해서도 편견이 없습니다. 모두 달콤하다고 믿습니다. 그래서 마니아입니다.

진정한 예배자는 어떤 의미에선 마니아입니다. 하나님의 임재를 지나치게 사모합니다. 하나님의 임재를 너무도 사모해서 날마다 하나님의 얼굴을 구합니다. 하나님의 임재를 사모하는 사람은 하나님의 임재 앞으로 데려다 줄 수만 있다면 어떤 예배의 형식도 상관하지 않습니다. 모든 예배에서 하나님의 임재를 찾고자 합니다.

어떤 한 종류의 예배만 고집하는 것은 마니아가 아닙니다. 예배의 다양성을 즐기지 못하면 마니아가 되지 못합니다. 진짜 마니아라면 다양성을 좋아하고 다양성을 당연하게 여깁니다. 하나님을 즐기는 마니아들은 하나님이 함께 하시는 것으로 보상을 받습니다. 하나님의 임재 앞에서 어린 아이처럼 행동합니다.

다윗은 하나님의 임재를 사모한 마니아였습니다. 다른 어떤 것 보다 하나님의 임재를 사모했습니다. 그는 오직 한 가지만 소원했습니다. 하나님의 임재가 있는 곳에 살면서 하나님의 아름다움을 바라보는 것이었습니다. 진정한 예배자는 하나님으로 만족하는 마니아입니다.

"내가 여호와께 바라는 한 가지 일 그것을 구하리니 곧 내가 내 평생에 여호와의 집에 살면서 여호와의 아름다움을 바라보며 그의 성전에서 사모하는 그것이라"

시편 27:3

오라 우리가 굽혀 경배하며
우리를 지으신 여호와 앞에 무릎을 꿇자
시편 95:6

하나님을 높일 수 없다면
경배의 자리로 나아갈 수 없습니다.
감사와 찬양
그리고 경배는 떨어질 수 없습니다.

19

감사와 찬양과 경배

예배가 보이니
삶이 보인다

  어떤 사람이 물에 빠져 죽어가고 있었습니다. 이 순간 도움의 손길이 없다면 그는 곧 죽을 목숨이었습니다. 마침 그 곳을 지나던 정장을 입은 한 신사가 죽어가는 그를 보고 물 속으로 뛰어 들었습니다. 자신의 일보다 생명이 더 중요했기 때문입니다. 얼마나 고마운 일입니까? 그 신사의 용기 있는 행동이 아니었다면 그는 더 이상 이 세상 사람이 아닐 것입니다. 구사일생으로 살아난 그는 신사의 행동이 고맙고 감사한 마음이 들었습니다.

  신사는 한가한 사람이 아니었습니다. 그 때 그는 중요한 회의장소로 가던 중이었습니다. 그래서 물에 빠진 사람을 구해준 뒤 급히 떠나야 했습니다. 그런데 고마움을 표현하려는 그의 마음을 헤아렸는지 명함 하나를 주고 떠났습니다. 명함을 보니 신사는 의류회사의 CEO였습니다. 그래서 그는 신사가 더욱 궁금해졌고 감사한 마음과 호기심이 생겼습니다.

며칠 동안 감사하는 마음을 담은 선물을 준비해서 명함에 적힌 주소를 따라 회사를 찾아갔습니다. 생각 보다 규모가 큰 회사였습니다. 정문에 들어가려는데 경비원이 밝은 표정을 지으며 물었습니다. "어떻게 오셨습니까?" 그는 회장님께 감사드릴 일이 있어서 방문했다고 대답했습니다. 경비원은 친절하게 몇 층으로 가야 한다고 알려 주면서 문을 열어 주었습니다. 회사 안에 들어가 보니 열정을 가지고 즐겁게 일하는 사람들이 보였습니다. 회장님을 만나러 가는 길 복도에는 바로 그 회장님의 얼굴이 담긴 사진이 걸려있었고 그는 제대로 잘 찾아왔다는 생각을 했습니다.

복도를 서성이는 그를 보고 한 직원이 다가왔습니다. "누구를 찾으세요?" 그래서 그 직원에게 구체적으로 찾아온 이유를 설명했습니다. 그랬더니 그 직원이 회장님에 대해서 칭찬을 하기 시작했습니다. 어떻게 직원들을 사랑하고 돌보아 주시는지, 회사를 어떻게 성공시켰는지, 자신들이 얼마나 행복하게 일하고 있는지 구체적인 사례를 들면서 자랑했습니다.

이제 회장님이 어떤 분이신지 더욱 궁금해졌습니다. 나를 살려낸 그 분은 나만 살려낸 것이 아니라 많은 사람들에게 그런 태도로 살아오셨다는 믿음이 생겼습니다. 그분의 행동은 그분의 인격에서 나왔을 것입니다. 그런 분이 나 같은 부족한 사람의 목숨을 위해 강으로 뛰어 들었다니 그 분의 손길이 나에게 닿았다는 사실이 감사했습니다. 이제는 회장님에 대한 존경스러운 마음이 들기 시작했습니다. 그분이 어떤 분인지 알고 싶어졌습니다. 그분에 대해서 이야기해 준 직원의 말이 떠오르면서 그분의 아름다운 인격에 매료되기 시작했습니다.

여러분, 이 이야기 속에서 우리는 무엇을 배울 수 있을까요? 생명을 얻은 한 사람이 자신을 구해준 이를 향해 갖게 되는 마음의 걸음들을 천천히 같이 걸어보세요. 무엇이 느껴지시나요? 혹시 죄의 바다에서 허우적대며 죽어가던 우리의 모습이 보이시나요? 그런 우리를 구하기 위해 자신의 생명을 아끼지 않고 십자가로 뛰어드신 예수님이 떠오르지 않나요? 그 예수님을 생각하면 어떤 마음이 드시나요? 감사한 마음과 그분을 더욱 알고 싶은 마음이 들지않나요? 세상을 구원하시기 위해 거룩하시고 선하신 성품으로 오래전부터 지금까지 단 한순간도 쉬지 않으시고 성실하게 일하고 계시는 하나님의 행동을 감사하고 찬양하고 경배하고 싶지 않으신가요? 그런 마음이 드신다면 여러분은 구원받은 사람임이 분명합니다. 구원받은 백성들은 하나님께서 나에게 행하신 일에 감사하며 구체적인 말과 표현으로 자랑하며 높입니다. 하나님을 알아 가면 알아 갈수록 찬양은 멈출 수 없습니다.

찬양은 높이는 것입니다. 하나님의 행하신 행동을 높이는 것입니다. 경배는 나를 낮추고 크신 존재 앞에 엎드리는 것입니다. 하나님의 성품에 사로잡혀 반응하는 것입니다. 하나님을 진정으로 높일 수 없는 심령은 경배로 나아갈 수 없습니다. 감사와 찬양과 경배는 떨어질 수 없습니다.

"오라 우리가 여호와께 노래하며 우리의 구원의 반석을 향하여 즐거이 외치자 우리가 감사함으로 그 앞에 나아가며 시를 지어 즐거이 그를 노래하자" **시편 95:1-2**

새 노래 곧 우리 하나님께 올릴 찬송을 내 입에 두셨으니
많은 사람이 보고 두려워하여 여호와를 의지하리로다
시편 40:3

새 노래는
과거의 진리가 아닌
현재의 체험된
진리를 노래합니다.

20

노래의 진정성

예배가 보이니
삶이 보인다

노래의 힘은 어디서 올까요? 바로, 진정성입니다. 노래의 장르나 형식보다 중요한 것은 진정성입니다. 진실하고 참되면 영혼이 알아봅니다. 세상은 탁월함의 기준을 다른 이들보다 뛰어난 것, 독특한 것, 심지어 배타적인 것, 따라올 수 없는 현란한 것에서 찾지만 하나님은 탁월함을 진정성에서 찾으십니다.

진정한 노래는 체험된 노래입니다. 시편이 강력한 힘을 갖는 이유도 체험된 삶의 현장에서 불려졌기 때문입니다. 삶의 한 가운데를 관통한 노래만이 증언이 될 수 있습니다. 노래는 노래하는 사람의 삶이 받아들여졌을 때 더욱 강렬해집니다. 그렇다면 이러한 강렬한 체험은 어디에서 올까요? 박해와 고난이 없는 삶에서 이런 체험을 얻을 수 있을까요?

하나님이 찾으시는 진정성은 음악의 신과 씨름하는 아티스트의 고뇌에서만 생겨나는 것이 아닙니다. 진정성은 하나님을 진실하게 섬기며 서로의 약점을 감당하려는 공동체의 체험에서 나옵니다. 다윗의 노래를 보세요. 그의 노래는 하나님의 마음을 향해 달리는 발과 양들을 최선을 다해 섬기는 손으로 만들어진 삶의 노래들입니다. 따라서 노래가 깊어 지려면 삶을 통과하며 하나님과 섬기는 대상을 깊이 알아가야 합니다.

노래는 어떤 계시 속에서 살아왔는지를 말해줍니다. 그래서 교회가 즐겨 부르는 노래는 하나님을 어떤 식으로 바라보고 있는지를 보여줍니다. 계시의 밝음이 노래를 밝혀줍니다. 따라서 노래의 내용은 하나님을 아는 만큼 변하게 되고, 성도의 노래는 죄인의 노래, 백성의 노래, 일꾼의 노래, 친구의 노래, 자녀의 노래, 신부의 노래로 발전해 왔습니다. 교회는 노래에 관심과 책임을 가져야 합니다. 노래는 하나님을 어디까지 아는 가를 말해주기 때문입니다.

새 노래는 새로운 계시와 이어져 있습니다. 새 노래를 부르고 싶어하는 사람은 과거의 하나님만을 노래하지 않습니다. 지금의 하나님께서 어떤 일을 하고 계신지 보고싶어 하며 산 예수를 노래하고 싶어합니다. 과거의 진리가 아닌 현재의 체험된 진리로서 노래해야 합니다.

"내가 여호와를 기다리고 기다렸더니 귀를 기울이사 나의 부르짖음을 들으셨도다 나를 기가 막힐 웅덩이와 수렁에서 끌어올리시고 내 발을 반석 위에 두사 내 걸음을 견고하게 하셨도다" **시편 40:1-2**

너희 안에서 행하시는 이는 하나님이시니
자기의 기쁘신 뜻을 위하여 너희에게 소원을 두고 행하게 하시나니
빌립보서 2:13

기쁨과
즐거워하는 마음은
창조의 재료입니다.

21

즐거운 마음 받아 주소서

예배가 보이니
삶이 보인다

    어둠은 빛과 싸워 이길 수 없습니다. 아주 작은 틈으로 새어 나오는 빛이라도 어둠은 빛을 맞설 힘이 없습니다. 그렇다면 절망과 희망은 어떨까요? 절망이 희망과 만나면 어느 쪽이 이길까요? 절망은 희망을 이길 수 없습니다. 작은 희망이라도 확실한 것이 있다면 말입니다.

제가 노래에 대한 관심을 처음 갖게 되었을 때 이런 생각을 했었습니다. 왜 세상에는 절망을 가지고도 노래들이 만들어지고 슬픔과 이별과 죽고 싶은 생각을 가지고도 노래가 만들어지는데 더 진실하고 깊고 강력한 이유를 가진 교회에 노래가 없을까 하는 질문이었습니다. 하늘을 두루마리 삼고 바다를 먹물 삼아도 다 쓸 수 없다는 이야기가 사실이라면 더 다양하고 더 많은 노래로 흘러나와야 하지 않을까요?

중학교 때 교회 선배 형의 집에서 아바(ABBA) 음반을 처음 들었습니다. 그 때 저는 형의 얼굴 표정을 보고서는 놀라움과 함께 의문점이 생겼었습니다. 저렇게 기쁘고 환한 표정을 교회에서는 보지 못했기 때문입니다. 저는 노래가 주는 힘에 대한 관심이 생기기 시작했습니다. 그리고 형의 집을 다녀온 그 날 밤 하나님께 기도했습니다. "하나님, 교회에 노래를 일으켜 주세요!"

하나님은 제 삶에 새로운 노래들을 보내주셨습니다. 제가 다니던 교회에 카투사(KATUSA) 군인 선생님들이 출석하시면서 새 노래들을 경험하게 해 주셨습니다. 그리고 예배에 불려질 특송과 중고등부 학생들의 문학의 밤을 준비하면서 노래부터 바꾸어 보려고 애썼습니다. 원래 있던 노래 뒤에 새로운 노래를 이어 붙이기도 하고, 사이 사이에 노래를 만들어 넣는 실험을 해 보기도 하고, 좋은 곡들을 찾아 이야기가 있는 가사를 입혀서 뮤지컬을 올려 보기도 했습니다. 뒤돌아보면 이런 과정들이 하나님께서 저의 기도를 들으시고 제가 노래를 만들 수 있도록 훈련시키는 시간이었던 것 같습니다.

제가 작곡을 하는 중요한 동기와 자원은 기쁨입니다. 하나님을 기뻐할 때 저는 떠다니는 선율을 듣게 됩니다. 하나님은 하나님을 기뻐하는 자에게 소원을 주십니다. 나의 소원이 하나님의 소원과 같아지면 그 소원은 하나님의 소원이니 하나님이 이루십니다. 하나님은 저에게 노래에 대한 소원을 넣어 주셨고 결국 교회에서 불려지는 노래들을 만들게 해 주셨습니다.

지금도 예배를 준비하면서 노래를 받습니다. 하나님을 기뻐하면 새로운 곡을 만나게 해 주십니다. 특히 하나님을 생각하면서 감격할 때는 더 상황이 좋습니다. 하나님께서 내 안에 만족과 감격을 보시는 것 같으면 영이 춤을 추며 자유로워집니다. 하나님은 내가 어느 때 만족하는 지를 아십니다. 기쁨과 즐거운 마음은 창조의 재료입니다.

나의 즐거운 마음 받아주소서
나의 감격함을 올려드립니다
주의 임재 안에 만족함을 아십니다
내 안에 있는 기쁨 사용하소서
나의 즐거운 마음 받아주소서 <꿈이있는자유> 7집에 수록

"또 여호와를 기뻐하라 그가 네 마음의 소원을 네게 이루어 주시리로다" **시편 37:4**

삶이 보인다

part 4

삶이 보인다

너의 자녀들 중에 우리가 아버지께 받은 계명대로
진리를 행하는 자를 내가 보니 심히 기쁘도다
요한이서 1:4

예배는
삶이라는 출구가 있어야 합니다.
출구가 없는 예배는
무미건조합니다.

22

다시 찾은 소

우리가 잘 아는 속담 중에 "소 잃고 외양간 고친다"는 말이 있습니다. 이 속담은 일이 잘못된 뒤에는 손을 써도 소용이 없다는 후회의 표현을 담고 있습니다. 후회에 대한 강렬한 교훈을 주기 위해서 잃어버린 소를 사용한 것을 보면 소가 그 만큼 중요했기 때문입니다.

소는 농가의 기둥이었고 살림 밑천이었습니다. 소는 노동력을 제공하여 엄청난 생산 효과를 가져다주는 일군이었습니다. 그리고 소는 함께 사는 가족의 구성원으로 인식되기까지 했습니다. 암소가 새끼를 낳을 때는 산모가 아기를 출산할 때처럼 신에게 순산을 빌며 부정한 출입을 막기까지 했으니까요. 그런 소를 잃는 것은 살림을 송두리째 잃는 것과 같았기에 어떻게 해서라도 찾으려고 했습니다.

동물 중에 소만큼 일 잘하며 자신의 전부를 주는 존재는 없습니다. 그렇다면 농부가 소를 애타게 찾는 이유는 무엇이었을까요? 재산을 과시하거나 사람들에게 보여 주기 위한 것이었을까요? 농부가 소를 찾는 이유는 갈아 엎어야 할 논과 밭 때문입니다. 소와 함께 해야 할 일상이 있기 때문에 소를 간절히 찾았던 것입니다.

진리도 이와 같습니다. 왜 우리가 진리를 간절히 찾았던 것일까요? 있으면 좋고 없어도 그만인 진리를 찾지는 않았을 것입니다. 진리를 간절히 찾고 소유하려고 했던 목적은 과시하기 위한 것이 아니라 살아 내야 할 삶이 있기 때문입니다. 예배의 진리도 이와 같습니다. 삶으로 나아가기 위해서입니다. 진리를 살아낸 삶이 없는 예배는 아무리 아름답고 거룩하게 보일지라도 정죄를 받습니다. 오늘날 교회가 손가락질을 받는 지점도 진리가 없거나 진리를 가졌어도 살아내고 있지 않기 때문입니다.

예배의 진리는 삶이라는 출구가 있어야 합니다. 아무리 맑은 물이라도 흘러 나갈 출구가 없이 고여 있기만 하면 결국 썩어 가듯이 예배도 삶으로 흘러 나가지 않으면 결국 썩은 진리가 됩니다. 예배는 예배당에서 끝나는 것이 아닙니다. 예배는 일상과 삶으로 확장되어야 하고 우리가 고백하는 진리는 삶에서 증명되어야 합니다.

예수님이 탕자의 비유를 하셨을 때 지적하고 싶었던 사람들이 있었습니다. 바리새인과 서기관과 같은 사람들입니다. 예수님은 그들을 탕자의 형으로 묘사했습니다. 탕자의 형은 잃어버린 아들을 기다리며 매일 문 밖을 서성이는 아버지의 마음을 보지 못했습니다. 그리고 동생이 돌아왔을 때 그의 마음과 태도가 적나라하게 드러났습니다. 형은 잃어버렸던 동생이 돌아왔는데 기쁘지 않았습니다. 아버지의 기쁨을 이해하지 못했기 때문입니다. 우리의 예배도 이럴 수 있습니다. 아버지의 마음을 모른 채 예배를 일처럼 부지런히 드릴 수 있습니다.

하나님의 마음을 알려고 하지 않는 예배는 진리를 살아내지 못하고 결국 실패합니다. 예배는 하나님 아버지의 마음을 알고 삶으로 가져가야 합니다. 이제 예배당에서만 예배하는 예배자가 아니라 삶의 예배자로 살아가십시오. 예배당에서 받은 진리를 삶으로 가져가 살아내십시오. 그리고 물어보십시오. "아버지, 제가 무엇을 하기 원하십니까?" 하나님의 마음을 묻고 알아서 아버지의 마음을 시원하게 해 드리는 삶의 예배자가 되어야 합니다.

"이 백성이 입술로는 나를 공경하되 마음은 내게서 멀도다 사람의 계명으로 교훈을 삼아 가르치니 나를 헛되이 경배하는도다 하였느니라 하시고" **마태복음 15:8-9**

그러므로 형제들아 내가 하나님의 모든 자비하심으로 너희를 권하노니
너희 몸을 하나님이 기뻐하시는 거룩한 산 제물로 드리라
이는 너희가 드릴 영적 예배니라
로마서 12:1

그리스도인은
삶을 파는 사람들입니다.
그리스도와 동행하는 맛에 자신이 있다면
삶을 베어줄 수 있어야 합니다.

23

베어줄 수 있는 삶

예배가 보이니
삶이 보인다

치과에 치료를 받으러 갔다가 병원 건물 앞에 생긴 과일 가게에 들렀습니다. 두툼하고 먹음직해 보이는 배에 제가 관심을 보이자 과일가게 아주머니는 먹어 보라며 배를 잘라 주었습니다. 놀라운 것은 배를 작은 조각으로 잘라서 준 것이 아니라 제 눈 앞에서 배 하나를 반으로 툭 가르더니 반쪽을 통째로 주시는 것이었습니다. 저는 배의 맛을 보는 순간 아주머니가 왜 그렇게 주셨는지를 알게 되었습니다. 너무 맛 있어서 배를 사지 않을 수 없었습니다. 그리고 이런 맛은 다시 만나기가 어려울 것 같아 성도들과 나누고 싶은 마음에 두 상자를 사고 말았습니다.

과일 맛에 자신이 있으면 반을 잘라 주어도 손해가 아닙니다. 이런 맛은 사람들이 찾는 맛이라는 것을 확신하기 때문에 한번 먹어 보기만 하면 사지 않을 수 없을 것입니다. 과일을 사려는 사람은 일차적으로 과일을 파는 사람이 누구인가에 관심이 없습니다. 오직 과일의 맛에 관심이 가 있습니다. 과일을 파는 사람이 예수님을 믿어도 과일이 맛이 없으면 손님을 잃어버릴 것이고 예수님을 안 믿어도 과일이 맛이 있으면 인정을 받을 것입니다. 과일을 파는 사람이라면 과일이 맛이 있어야 하고 과일을 베어 줄 수 있을 만큼 맛에 자신이 있어야 합니다.

그리스도인은 삶을 파는 사람들입니다. 예수님을 모시고 사는 삶의 맛이 그렇게 자신이 있고 고상하다면 자신의 삶을 베어 줄 수 있어야 합니다. 여러분은 삶을 베어 줄 수 있을까요? 여러분이 아는 사람들 중에 그들의 삶을 한번 맛보기라도 한다면 그 매력을 잊지 못할 만큼 자신 있는 사람이 생각나시나요? 아니면 걱정되는 사람이 떠오르나요? 우리는 그 누구라도 한번 경험해 보았으면 좋겠다고 생각하는 그런 사람들이 되어야 합니다.

예수님은 예배자의 본을 보여 주셨습니다. 예수님은 자신의 삶을 다 베어 주셨습니다. 예수님을 맛본 사람은 예수님께 자신의 삶을 바칠 수밖에 없습니다. 진정한 예배자는 자신의 삶을 베어 줄 수 있어야 합니다.

"끝으로 형제들아 무엇에든지 참되며 무엇에든지 경건하며 무엇에든지 옳으며 무엇에든지 정결하며 무엇에든지 사랑 받을 만하며 무엇에든지 칭찬 받을 만하며 무슨 덕이 있든지 무슨 기림이 있든지 이것들을 생각하라" **빌립보서 4:8**

그들을 진리로 거룩하게 하옵소서
아버지의 말씀은 진리니이다
요한복음 17:17

하나님께서
예배의 자리로 부르시는
이유 중에 하나는
삶을 조율하시기 위해서입니다.

24

조 율

예배가 보이니
삶이 보인다

 아무리 뛰어난 실력 있는 연주자라도 연주를 하기에 앞서 해야 하는 일이 있습니다. 바로 악기를 조율하는 일입니다. 실력이 있는 연주자 일수록 조율에 더욱 신경을 씁니다. 조율이 안 된 악기로 연주한다면 그 연주는 실패한 연주가 될 것이 분명하기 때문입니다. 그리고 사람들은 연주자의 귀를 의심하게 될 것입니다. 조율은 연주자의 실력과 상관이 없습니다. 실력이 있다고 조율없이 좋은 연주를 할 수 있는 법은 없습니다. 좋은 연주를 하기 위해 악기의 조율은 명령과 같습니다. 그래서 연주자들은 조율을 연주자의 기본 상식이며 자격이라고 여깁니다.

기타는 날씨와 환경에 따라 음(tune)이 수시로 변합니다. 줄에 닿는 손의 온도에 의해서도 변하고 공간의 온도와 습도에 의해서도 소리가 변합니다. 어느 때는 음이 높아져 있어 잠깐도 들어줄 수가 없는 불편한 소리가 나기도 하고, 또 어느 때는 줄이 풀리고 음이 낮아져 아예 연주를 할 수 없을 때도 있습니다. 기타의 여섯 줄 가운데 한 줄이라도 제 음에서 벗어나 있으면 모든 음이 다 틀린 것처럼 들리기 때문에 얼굴이 찌푸려 질 수밖에 없습니다. 조율이 안 된 악기는 그 시간만큼은 악기의 자격을 상실하는 것입니다.

사람들은 저마다 자신의 삶을 연주하는 악기와 같습니다. 어떤 사람은 교만해져서 높아진 소리를 낼 때가 있습니다. 어떤 사람은 너무 자신감이 떨어지고 열등감에 빠져서 음이 풀려 있는 소리를 냅니다. 듣는 귀가 발달된 사람들은 이런 소리를 들으면 금방 알 수 있습니다. 조율이 된 소리인지 아닌지 말이죠.

예배는 조율입니다. 하나님은 우리를 예배 가운데 부르셔서 조율해 주고 싶어하십니다. 아름다운 소리와 듣기 좋은 소리를 내면서 살게 하시기 위해서입니다. 조율을 하려면 절대 변하지 않는 음이 있어야 합니다. 어느 나라에서든지, 어떤 악기이든지 기준점이 되는 절대음이 필요합니다. 상황에 따라 변하는 음에 맞추어 조율하지 않습니다. 자신이 느끼는 대로 조율할 수 있다는 생각은 연주를 망치겠다는 생각입니다. 그러면 더 복잡하고 혼란스러워집니다. 특히 함께 연주를 할 때에 기준이 되는 절대음이 명확한 것은 더욱 중요합니다. 서로 내가 기준점이 되겠다고 하면 연주는 결국 망치고 말 것입니다. 아름다운 소리와 듣기 좋은 소리의 합주를 위해서는 명확한 기준점에 근거한 조율이 반드시 필요합니다.

하나님께서 우리를 예배로 부르시는 이유 중에 하나는 우리의 삶을 조율하시기 위해서입니다. 하나님의 절대 진리에 맞추어 높아진 부분을 낮추시고 너무 낮아진 부분은 높여 주십니다. 조율이 안 된 소리를 들었을 때는 불편하고 힘들어야 합니다. 조율이 안 된 소리를 듣고도 마음이 불편하지 않으면 음정에 대한 이해조차 없는 사람입니다. 그래서 예배는 때로 마음의 불편함이 있습니다. 그런 때에는 '하나님께서 나를 조율하고 계시는구나' 생각하면 됩니다. 아름다운 삶의 소리를 내기 위해서 하나님께서 일하고 계신 것입니다.

조율이 잘 된 악기로 연주하는 소리를 들으면 그렇게 아름다울 수 없습니다. 여러분의 삶에서 하나님의 손에 잘 조율된 아름답고 듣기 좋은 소리가 연주되기를 바랍니다. 그리고 여러분의 삶에서 연주되는 그 아름다운 소리를 많은 사람들이 듣게 되기를 바랍니다. 우리 각자의 삶이 하나님의 손에 잘 조율된다면 내 옆의 사람들과 함께 연주하는 아름다운 합주를 세상에 들려줄 수 있지 않을까요?

"골짜기마다 돋우어지며 산마다, 언덕마다 낮아지며 고르지 아니한 곳이 평탄하게 되며 험한 곳이 평지가 될 것이요 여호와의 영광이 나타나고 모든 육체가 그것을 함께 보리라 이는 여호와의 입이 말씀하셨느니라" **이사야 40:4-5**

마땅히 행할 길을 아이에게 가르치라
그리하면 늙어도 그것을 떠나지 아니하리라
잠언 22:6

그리스도인의 생활은
주님을 맛보는 삶입니다.
나를 놀라게 한
신앙의 맛을 유산으로
물려주어야 합니다.

25

진정한 유산

예배가 보이니
삶이 보인다

신앙심이 있는 부모들이 자녀들에게 신앙의 유산을 물려주고 싶다는 말
을 하곤 합니다. 그렇다면 신앙의 유산을 물려준다는 것은 구체적으로 무
엇을 물려준다는 말일까요? 신앙의 유산을 물려주는 효과적인 방법은 무
엇이 있을까요? 혹시 여러분이 물려주고 싶은 신앙의 유산이 주일날 예배
에 빠지지 않는 습관을 물려주는 것인가요? 만약 그렇다면 그것은 실패할
가능성이 큽니다.

자녀들은 부모가 무엇을 좋아하는지 부모가 삶에서 보여 준 반응으로 형성된 알고리즘을 가지고 있습니다. 주일날 예배에 빠지지 않는 것을 가장 중요한 신앙의 잣대로 보는 부모에게서 양육된 자녀들은 주일예배에 빠지지 않는 것을 효도한다고 생각하기 쉬울 것입니다. 하지만 자녀의 그런 태도가 자발적이지 못할 때 행동은 오래 지속될 수가 없습니다. 부모와 떨어져 지내는 환경에 놓이면 그 진심은 곧 드러나기 때문입니다.

신앙의 유산을 물려준다는 것은 맛을 전수하는 것입니다. 맛은 한번 전수받으면 죽을 때까지 떠나지 않습니다. 한번 정복한 맛은 자신의 것이 됩니다. 맛은 공유하기가 쉽습니다. 맛은 자부심을 갖게 만듭니다. 그래서 맛을 모르는 사람을 향하여 안타까운 마음을 갖기까지 합니다. 맛을 알면 자세가 달라집니다. 그 맛을 모르는 사람에게 알려 주고 싶어서 섬김이 일어나고 수고를 아까워하지 않습니다. 자녀들이 대학에 입학하면서 부모와 떨어져 타지에 살아도 맛있게 먹어 본 음식이 있으면 제 발로 그 맛을 찾아 다니듯, 예배 안에서 만난 하나님을 맛본 자녀들은 예배할 곳을 찾아 다니게 되는 것입니다.

부모들은 맛있게 먹어 본 음식이 있으면 어떻게든 먹여 주고 싶어합니다. 맛을 함께 느끼는 것으로 행복해합니다. 그렇다면 신앙의 맛을 전수하는데 관심을 가지고 자녀들이 하나님을 맛보도록 하는 것이 중요합니다. 나는 무엇이 그토록 맛있었는지, 어떤 맛이 만족을 주었는지, 그 맛을 표정으로까지 전달했는지, 생활 속에서 자주 그 맛을 표현했는지, 그 맛 없이는 살 수 없을 것처럼 행동했는지, 그 맛을 정기적으로 먹고 있는 것을 자녀들이 보고 있었는지, 자녀들이 그 맛에 대한 증인이 될 수 있는지 살피고 점검해야 합니다. 잠언은 마땅히 행할 길을 자녀들에게 가르치면 늙어서도 그것을 떠나지 않을 것이라고 말합니다(잠언22:6). 그렇다면 부모가 마땅히 행할 길은 자녀들에게 신앙을 맛보게 하는 것이 되어야 합니다.

여러분은 어떤 맛에 자신감이 있으신가요? 여러분은 자녀들이 어떤 맛을 맛보았으면 하나요? 이제 맛에 관심을 가져야 합니다. 다윗은 하나님의 선하심을 맛보라고 도전합니다. 하나님의 능력의 맛도 훌륭하지만 더 깊은 맛은 하나님의 성품의 맛입니다. 성품을 맛본 사람은 영원히 빠져나오지 못합니다. 성경에는 기가 막힌 레시피들이 기록되어 있습니다. 예를 들어 요셉을 만드시는 하나님의 레시피를 맛본 사람, 다니엘을 만드시는 하나님의 레시피를 맛본 사람은 그 맛을 잊지 못합니다. 그리스도인의 생활은 주님을 맛보는 삶입니다. 나를 진짜 놀라게 한 신앙의 맛을 유산으로 물려주시길 바랍니다.

"너희가 주의 인자하심을 맛보았으면 그리하라" **베드로전서 2:3**

내가 그리스도와 그 부활의 권능과 그 고난에 참여함을 알고자 하여
그의 죽으심을 본받아 어떻게 해서든지
죽은 자 가운데서 부활에 이르려 하노니
빌립보서 3:10-11

말씀대로 살지 못하면
선포할 수가 없습니다.
선포는 삶에 대한
책임을 묻습니다.

26

케리그마(Kerygma)

예배가 보이니
삶이 보인다

　우리는 정보의 홍수 시대를 살고 있습니다. 교육, 문화, 정치, 사회, 의료, 경제, 종교 등과 같은 여러 분야의 정보를 빠르고 정확하게 전달하려는 다양한 매체들과 사람들의 움직임은 과히 혁명 같다고 해도 과언이 아닙니다. 쉬운 예로 유튜브(Youtube)를 통해 우리는 관심있는 분야의 정보를 손쉽게 얻을 수 있으며 그 분야의 전문가나 탁월한 교사들이 너도 나도 가르쳐 주겠다고 대기하고 있습니다. 그들은 얼마나 탁월하고 효과적으로 가르치는지 놀랄 정도이고 인공지능과 쳇GPT(Chat Generative Pre-trained Transformer)는 이에 더해져 학습능력을 더욱 향상시키고 있습니다.

우리가 경험하고 있는 세상은 교사나 교과서가 없어서 배우지 못하는 세상이 아닙니다. 어떤 분야든지 호기심과 열심만 있으면 고급정보를 얼마든지 얻을 수 있습니다. 각 분야마다 넘쳐나는 가르침으로 전문성을 가진 사람들이 될 수도 있습니다.

그런데 한 가지 우리가 풀어야 할 과제가 있습니다. 새로운 지식과 정보에 대한 이해는 증가하는데 사람들의 삶은 더 유약해지고 약해진 삶을 틈타 죄는 더 교묘하고 교활해진다는 사실입니다. 텔레비전을 켜면 우울증에 대한 전문지식과 이에 대처하는 의료적 방법, 대인관계 기술들을 전문가들이 설명해주고 있지만 우리 사회에는 여전히 우울증 환자들이 늘어나고 자살률은 줄어들지 않고 있다는 것이 단적인 예가 될 수 있습니다.

왜 이러한 현상이 일어나게 되는 것일까요? 전문가들의 전달해주는 정보와 설명이 부족해서일까요? 우리의 문제는 정보의 부족과 이해의 부족에 있지 않습니다. 선언하고 살 만한 진리에 대한 확신이 없는 것입니다.

잠깐 이슬람에 대해서 이야기해봅시다. 이것은 이슬람을 지지해서가 아니라 그들의 영향력이 점점 커지고 있기 때문에 드는 예입니다. 이슬람에는 해석학이 없습니다. 알라의 생각에 대한 이런 저런 해석을 달지 않습니다. 해석이 다양해지면 확신은 줄어 들게 되어 있습니다. 또 다른 훌륭한 해석을 기다리느라 순종은 지체되기 마련입니다. 이슬람은 알라의 뜻을 받든지 아니면 죽어야 한다고 선포합니다. 이것은 알라의 뜻에 순종하는 길 밖에 없다는 뜻입니다. 심지어 테러를 저지르는 자리에서조차 알라의 뜻을 선포합니다. 비록 잘못된 진리이지만 그들은 그들이 확신하는 진리를 선포하는 대로 살아가는 사람들입니다.

케리그마(Kerygma)는 선포된 메시지입니다. 케리그마는 예수 그리스도께서 완성하신 십자가와 부활에 담긴 복음의 핵심을 선포하는 것입니다. 사도바울은 케리그마를 분명하게 묘사했습니다(고린도전서1:21, 15:1-4). 초대교회의 설교는 예수 그리스도의 복음을 증거하는 케리그마였고, 성도들은 선포된 말씀을 삶으로 살아냈습니다. 예수와 눈 뜨고 예수와 먹고 예수와 나누는 삶이었기에 예수에 대한 증언과 선포가 메시지의 핵심이었습니다. 그 만큼 예수에 대한 자신이 있었습니다. 예수로 충분했습니다.

설교에 선포가 살아나야 합니다. 예수 앞에 삶을 세우는 선포의 기능이 없다면 설교는 사람들에게 이해를 구걸하고 사정하는 것에 지나지 않습니다. 선포는 삶에 대한 책임을 묻는 것입니다. 말씀대로 살지 못하면 선포할 수가 없습니다. 선포는 부담이 될 수밖에 없습니다. 진리가 선포되는 예배와 가르침 대로 살아낸 삶이 있어야합니다. 우리가 받은 복음대로 살아가야합니다. 그리고 살아낸 것으로 선포합시다!

"형제들아 내가 너희에게 전한 복음을 너희에게 알게 하노니 이는 너희가 받은 것이요 또 그 가운데 선 것이라 너희가 만일 내가 전한 그 말을 굳게 지키고 헛되이 믿지 아니하였으면 그로 말미암아 구원을 받으리라" **고린도전서 15:1- 2**

예수께서 이르시되 내가 진실로 진실로 너희에게 이르노니
인자의 살을 먹지 아니하고 인자의 피를 마시지 아니하면
너희 속에 생명이 없느니라

요한복음 6:53

성찬은
예수님에 대한
거룩한 트라우마가
최근의 일처럼
되살아나는 의식입니다.

27

참된 성찬

예배가 보이니
삶이 보인다

　성도의 신앙적 사고와 대립하는 것이 있다면 바로 합리적 사고입니다. 철저히 자신의 이성에 의거해 사고하는 세계관에 영향을 받은 현대인들은 성찬예식에서 초자연적인 주님의 임재를 경험하기가 쉽지 않습니다. 그 이유는 간단합니다. 성찬의 주된 관심은 예수 그리스도가 되어야 하는데 이성을 절대시하는 생각이 임재의 경험을 방해하고 있는 것입니다. 이 시대의 성찬은 관심이 예수 그리스도가 아니라 자신이 생각하고 경험하는 것이 되어 버렸습니다.

성찬의 주인공은 예수님입니다. 예수님을 먹고 마시는 것이 성찬입니다. 예수님이 우리 삶의 중심에 계시고 복음이 우리의 삶에 전부여야 합니다. 예수님과 함께 먹고 마시는 삶을 사는 사람들은 성찬이 마치 맛있는 밥상을 대하는 것과 같을 것입니다.

성찬은 영적인 식사와 같습니다. 배고픈 사람들에게 김이 모락모락 나는 밥상을 보여 주면 식욕이 극대화됩니다. 이처럼 예배를 통해 예수님을 실감나게 볼 수 있다면 성찬은 왕성한 식욕을 갖고 대할 수밖에 없습니다. 하지만 자아로 충만하고 자기긍정으로 배가 더부룩한 사람들에게는 성찬이 단지 의식이나 연기에 불과할 것입니다. 더구나 예수님 앞에서 자기를 부인해야 하는 성찬은 자아의 충돌이 일어나 모순처럼 느껴질 수도 있습니다.

우리가 하나님의 임재를 경험했던 순간을 떠올려 봅시다. 그 때는 그 의식이 특별하고 훌륭해서가 아니었습니다. 그 순간에 나의 영적인 상태가 갈급 했던 것입니다. 예배의 생명은 갈망하는 영혼을 기다리시는 숨겨진 하나님의 임재에 있습니다. 그 어떤 의식도 하나님의 임재를 보장해 주지 못합니다. 하나님의 임재는 인간의 노력으로 만들 수 있거나 감정을 다그쳐서 급조해 낼 수 있는 것이 아닙니다. 다섯 곡을 찬양해도 임재를 경험하지 못할 수 있지만 단 한 곡 만을 찬양 했음에도 임재를 경험할 수 있습니다.

우리는 성찬예식에서 예수님을 경험해야 합니다. 여러분은 성찬예식 때 성찬기를 덮은 하얀 천을 보신 적이 있으신가요? 저는 그것을 보며 예수님이 부활하시기 전 세마포에 쌓여 누워 계시는 것 같은 느낌을 받은 적이 있습니다. 나의 죄를 위해 십자가에 못 박혀 돌아가신 예수님이 누워계신 것 같았습니다. 그날의 성찬식에서는 예수님께서 몸을 떼어 주시고 피를 흘려 주심이 더 생생하게 다가왔습니다. 성찬식이 의미 있게 다가오기 위해서는 예수님이 위대해 보이고 그분의 사랑과 은혜가 크게 느껴져야 합니다.

성찬은 해도 되고 안 해도 되는 문제가 아닙니다. 예수님이 성찬을 직접 행하셨고 기념하도록 명령하셨기 때문에 순종해야 합니다. 반드시 성찬을 해야 한다면 예배 가운데 예수 그리스도를 증언하고 모두가 그 앞에 설 수 있게 해야 합니다. 성도들은 예수님 앞에서 날마다 자기를 부인하고 예수님을 더 알기 원하는 갈급한 마음을 가지고 나아가야 합니다. 우리가 큰 교통사고와 같은 트라우마를 겪게 될 때 경험한 사건이 머릿속에 계속 되살아 나듯 성찬은 예수님에 대한 거룩한 트라우마가 최근의 일처럼 되살아나는 의식입니다. 성찬은 명령입니다. 예수님이 의도하셨던 성찬의 자리로 나아갑시다!

"내가 너희에게 전한 것은 주께 받은 것이니 곧 주 예수께서 잡히시던 밤에 떡을 가지사 축사하시고 떼어 이르시되 이것은 너희를 위하는 내 몸이니 이것을 행하여 나를 기념하라 하시고 식후에 또한 그와 같이 잔을 가지시고 이르시되 이 잔은 내 피로 세운 새 언약이니 이것을 행하여 마실 때마다 나를 기념하라 하셨으니 너희가 이 떡을 먹으며 이 잔을 마실 때마다 주의 죽으심을 그가 오실 때까지 전하는 것이니라" **고린도전서 11:23-26**

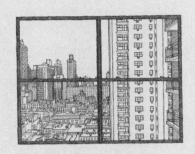

범사에 여러분에게 모본을 보여준 바와 같이 수고하여 약한 사람들을 돕고
또 주 예수께서 친히 말씀하신 바
주는 것이 받는 것보다 복이 있다 하심을 기억하여야 할지니라
사도행전 20:35

주는 행위는
예수님을 닮아가는 과정입니다.
주는 것이 즐거운 사람은
존재의 복을 받은 것입니다.

28

즐겨 내는 자

예배가 보이니
삶이 보인다

　우리는 즐겨 내는 삶에 대한 부요한 가르침을 받아야 합니다. 하나님의 의도에 맞는 가르침을 받지 못한다면 자의적으로 해석을 하게 될 것입니다. 우리는 어느 때 헌금에 대한 자신 있는 하나님의 의도를 배웠을까요?

　하나님께서는 하나님을 시험하지 말라고 말씀하셨지만 단 한가지 시험만은 허락하셨습니다. 바로 십일조에 대한 시험입니다.

"만군의 여호와가 이르노라 너희의 온전한 십일조를 창고에 들여 나의 집에 양식이 있게 하고 그것으로 나를 시험하여 내가 하늘 문을 열고 너희에게 복을 쌓을 곳이 없도록 붓지 아니하나 보라" **말라기 3:10**

우리는 하나님의 말씀에 대한 바른 전제가 있어야 합니다. 그렇지 않으면 하나님에 대한 잘못된 오해와 불신을 갖게 됩니다. 하나님은 돈이 필요해서 십일조나 헌금을 요구하신 것이 아닙니다. 하나님께서는 어느 누구에게도 빚지지 않으십니다. 도리어 하나님은 우리가 드린 것 보다 더 많은 것을 주십니다. 하나님 자신이 가난하게 되심으로 우리가 부요해지기를 바라십니다.

"하나님이 능히 모든 은혜를 너희에게 넘치게 하시나니 이는 너희로 모든 일에 항상 모든 것이 넉넉하여 모든 착한 일을 넘치게 하게 하려 하심이라"

고린도후서 9:8

그렇다면 왜 시험하라고 하셨을까요? 우리에게 복이 들어오는 통로가 막혀 있기 때문입니다. 그 복의 통로를 막은 것은 하나님이 아니라 우리들 자신입니다. 그래서 차단되어 있는 통로를 제거하도록 기회를 주고 계신 것입니다. 우리에게 있는 하나님에 대한 불신과 오해를 제거해서 축복의 물줄기가 흘러 들어오는지를 확인하라고 하신 것입니다.

헌금에 대해서 부정적인 사고를 가진 사람들을 종종 봅니다. 물론 안 좋은 경험들이 있었을 것입니다. 가끔 돈이 필요해 의도적으로 헌금에 관한 성경구절을 인용하는 것을 본 적이 있을 것입니다. 하지만 헌금에 대해서 언급한 말씀 중에 단 한 곳이라도 자신이 필요한 돈을 위해 헌금을 언급한 구절은 없습니다.

사도바울이 주는 것이 받는 것보다 복이 있다고 말했을 때(사도행전 20:35) 자신의 사역을 위한 재정이 필요해서 말한 것이 아닙니다. 가난하고 연약한 성도들을 생각해서 권면한 것입니다. 또한 주는 자가 복이 있다고 말했던 그것은 분명한 사실이며 사도바울 자신이 주는 삶의 본을 보여 왔기 때문입니다. 예수님께서 젊은 관원에게 네 소유를 팔라고 하셨던 것 (마태복음19:21)도 예수님께서 그 재물을 원했기 때문이 아닙니다. 예수님께서는 소유를 팔아 가난한 자들에게 주라고 말씀하셨습니다.

왜 우리는 즐겁게 주며 즐거이 드려야 할까요? 주는 자는 예수님을 가장 많이 닮았기 때문입니다. 예수님의 일생은 자신을 주는 삶이었습니다. 결국에는 자신의 목숨까지 우리의 죄를 위한 대속물로 내어 주셨습니다. 우리는 이 한가지 이유만으로도 즐겁게 드릴 수 있어야 합니다.

주는 행위는 예수님을 닮아가는 과정입니다. 예수님은 어떤 조건을 걸고 자신을 주시지 않았습니다. 오직 사랑 때문에 주셨습니다. 성숙한 헌금은 조건 때문에 드리지 않습니다. 아기 예수님께 찾아왔던 동방 박사는 예수님께 무엇을 얻으려고 예물을 준비하지 않았습니다. 단지 예수님이 왕이셨기 때문에 드린 것입니다.

주는 행위는 많은 것을 설명해 줍니다. 우리가 돈을 어떻게 사용하느냐에 따라서 사람들과의 관계가 어떠한지 알 수 있고 우리의 주는 행위를 통해 자비로움과 사랑의 성품이 알려지기도 합니다. 그리고 주는 자는 세상을 똑바로 보며 섬길 수 있습니다. 주는 행위가 이미 탐심을 물리치고 있다는 뜻이기 때문입니다. 받는 행복보다 주는 행복이 더 크다는 사실을 체험적으로 알기에 주는 것을 즐거이 하는 자는 행복한 섬김을 할 수 있습니다. 베드로가 예수님의 말씀에 순종하여 배를 내어 드렸을 때 그물이 찢어지도록 고기를 잡았던 것을 생각해 보십시오. 베드로는 얼마나 행복했을까요?

성경 말씀에 십일조는 하나님의 것이라고 분명히 말씀하셨습니다. 물론 모든 것이 하나님에게서 왔지만 우리의 태도와 동기를 훈련하시기 위해서 기본적인 기준을 정하신 것입니다. 어떤 사람들은 자신이 내야 할 십일조를 가난한 사람에게 기부하면 된다고 생각합니다. 물론 의도는 좋지만 십일조가 하나님의 돈이라고 고백하면서 자신의 돈처럼 사용할 수는 없습니다. 가난한 사람들을 향한 긍휼의 마음이 있다면 자신의 것으로도 할 수 있어야 합니다.

예수님께서는 두 주인을 섬길 수 없다고 말씀하셨습니다. 하나님 아니면 돈을 섬길 수밖에 없습니다. 하나님을 주인으로 섬긴다면 돈을 다스릴 수 있어야 합니다. 천국을 믿고 소망하는 사람은 보물을 하늘에 쌓아야 합니다. 보물이 있는 곳에 마음이 따라가기 때문입니다. 하나님은 즐겨 내는 자를 사랑하십니다. 인색함으로 억지로 하지 말고 각각 마음에 정한 대로 즐겁게 드려야 합니다.

"각각 그 마음에 정한 대로 할 것이요 인색함으로나 억지로 하지 말지니 하나님은 즐겨 내는 자를 사랑하시느니라" **고린도후서 9:7**

소유나 성취로 인한 기쁨을 넘어
하나님으로 인한 기쁨을 원하십니다.
이것이 하나님의 소원입니다.

내가 이것을 너희에게 이름은
내 기쁨이 너희 안에 있어
너희 기쁨을 충만하게 하려 함이라
요한복음 15:11

하나님을
기뻐하는 존재가 되는 것이
하나님의 소원입니다.

29

기쁨

자녀들이 어릴 적에 함께 그랜드 캐년(Grand Canyon)을 다녀온 적이 있습니다. 쉬지 않고 운전을 해도 열 시간 이상을 가야 했습니다. 이렇게 먼 거리를 운전하며 가는 것은 힘든 일이었지만 아이들에게 광활하고 아름다운 자연을 보여 줄 생각을 하면 힘든 것도 잠시 잊을 수 있었습니다. 그런데 그랜드 캐년을 가는 길 내내 아이들의 손에는 게임기가 들려 있었습니다. 그 모습을 본 저는 아이들이 이번 여행의 즐거움에 대한 불신을 갖는 느낌이 들었습니다. 아이들은 지루할 것 같으면 언제든지 피할 수 있는 것을 준비한 것입니다. 그랜드 캐년에 도착할 때 즈음 이미 아이들은 긴 여정의 지루함에 지쳐있었고 아니나 다를까 게임기로 위로를 삼고 있었습니다.

흔히들 죽기 전에 한번은 봐야 한다는 장엄한 절경이 눈 앞에서 펼쳐지고 있었습니다. 깍아지른듯 솟아오른 절벽들이 하늘과 맞닿은 아름다운 장면을 보며 저는 감탄할 수밖에 없었습니다. 그런데 그 놀라운 광경에 감탄을 연발하고 있는 저와는 달리 아이들은 기념 사진을 찍자마자 다시 차에 들어가 게임기에 몰두하는 것이었습니다.

저의 기대와 예상은 빗나갔습니다. 서운하고 안타까운 마음에 기운이 빠졌습니다. 돈과 시간이 아깝게 느껴졌습니다. 사실 제가 기대했던 모습은 이것이 아니었습니다. 아이들의 입이 떡 벌어지면서 놀라워하는 표정을 보는 것이었습니다. 더 바램이 있다면 이런 좋은 곳에 데려와 준 아빠의 마음과 수고에 고마워하는 표현이었습니다. 부모들은 단지 아이들이 기뻐하고 감탄하는 것만으로도 보상이 될 테니까요.

왜 아이들은 즐거워하지 않았을까요? 그랜드 캐년의 아름다움이 게임기 속 세상보다 덜 아름다워서였을까요? 그럴 리는 없습니다. 그것은 기쁨의 차원이 다르기 때문입니다. 아이들은 여전히 일차원적인 수준의 기쁨만 알기 때문입니다. 예를 들면, 부모가 아주 좋은 뷔페 식당에 데려갔습니다. 그런데 아이가 늘 먹던 음식만 골라 먹습니다. 그 때 부모들은 속상한 마음에 애가 탈 것입니다. 좀 더 맛있는 음식, 평소에 경험하지 못한 음식도 즐기기를 바라기 때문입니다. 만약 아이가 부모님이 식당에 데려온 목적을 알고 새로운 음식이 주는 기쁨을 누릴 수 있고 기쁨을 표현할 수 있다면 그것이 부모에게 기쁨이 될 것입니다.

부모는 자녀들이 성장하면서 조금 더 높은 차원의 기쁨을 누리기를 원합니다. 그렇다면 이 즈음에서 우리를 향하신 아버지 하나님의 궁극적인 목적에 대해서 질문해 볼까요? 아버지 되신 하나님께서도 기쁨의 차원을 향한 목적을 가지고 계시지 않을까요? 이 질문에 대한 답을 위해선 하나님께서 사람을 지으신 의도와 궁극적인 목적에 대해서 알아야 합니다. 세상을 창조하시고 그 곳에 사람을 두신 목적 말입니다.

권위있는 교리서(웨스트 민스터 소요리 문답)를 보면 하나님께서 사람을 지으신 목적을 밝혀줍니다. 하나님께서 사람을 지으신 목적은 하나님을 영원히 즐거워하며 하나님을 영화롭게 하는 존재가 되기 위함입니다. 이 문장을 보면 창조의 목적이 마치 두가지 인 것처럼 보이지만 결국 이 둘은 하나로 통합니다. 하나님을 즐거워하는 존재가 되어 하나님을 영화롭게 하는 것입니다. 다시 말하면 우리가 하나님을 즐거워할 때 하나님께서 영광을 받으시는 것입니다.

여러분은 어떨 때 기쁨을 느끼고 만족하시나요? 평소에 갖고 싶었던 물건을 가졌을 때인가요? 아니면 내가 한 일에 대한 성과를 인정받았을 때, 아파트 청약에 당첨되었을 때, 사랑하는 사람과 결혼식을 올렸을 때, 자녀가 좋은 대학에 입학했을 때인가요? 이 모든 것들은 아마도 기쁨이 되기에 충분할 것입니다. 하지만 신앙생활을 수년 혹은 수십년을 했음에도 기쁨의 차원이 여전히 이런 것들에만 머물러 있다면 멋진 광경을 앞에 두고도 게임기 속에 빠져있는 아이들과 다름이 없습니다.

하나님은 더 높은 차원의 기쁨을 누리길 원하십니다. 소유나 성취로 인한 기쁨을 넘어 하나님으로 인한 기쁨을 원하십니다. 이것이 바로 하나님께서 우리를 지으실 때 가지셨던 궁극적인 목적입니다. 우리가 하나님의 솜씨와 하나님의 성품을 경험한 사람들로서 놀라고 감탄하며 기뻐할 때 하나님은 우리를 통해 영화롭게 되십니다.

하나님을 기뻐하는 존재가 되는 것이 하나님의 바람이고 뜻입니다. 부모가 자녀들에게 정말 바라는 것이 있을 때는 소원을 가지고 거래를 합니다. 하나님은 하나님을 기뻐하는 것에 소원을 링크(link)해 놓았습니다. 하나님을 기뻐할수록 하나님이 소원하시는 것을 소원하게 되고 하나님의 소원을 닮아가게 됩니다. 그리고 온 세상을 창조하신 창조주의 마음을 품고 사는 삶을 살아가게 됩니다. 이제 우리 기쁨의 차원을 높입시다. 하나님을 기뻐하는 것이 하나님의 뜻이고 소원입니다.

"주께서 내 마음에 두신 기쁨은 그들의 곡식과 새 포도주가 풍성할 때보다 더하니이다" **시편 4:7**

하나님께서
사람을 지으신 목적은
하나님을 즐거워하는 존재가 되어
하나님을 영화롭게 하는 것입니다.
하나님을 즐거워할 때
하나님은 영광을 받으십니다.

희망이 보인다

part 5

희망이 보인다

여호와의 인자하심과 인생에게 행하신 기적으로 말미암아
그를 찬송할지로다 그가 사모하는 영혼에게
만족을 주시며 주린 영혼에게 좋은 것으로 채워주심이로다
시편 107:8-9

하나님의 기대와 사람의 기대가
만나는 시간이 예배입니다.
하나님의 열정과
사람의 열정이 만나야 합니다.

30

기대

예배가 보이니
삶이 보인다

한국 아이돌 그룹이 로스엔젤레스의 윌턴극장에서 공연을 하던 날이었습니다. 공연 당일, 저는 기획사 대표와 점심 약속이 있어 식당으로 가고 있었습니다. 공연장에서 한 블럭 떨어진 건물 주변에 수많은 젊은이들이 길게 줄지어 서 있는 것을 보았습니다. 서 있는 사람들 중에는 한국사람이 한 사람도 없어서 다른 행사가 있는 줄 생각했습니다. 그런데 저는 그날 믿어지지 않는 이야기를 들었습니다. 제가 방금 전에 보고 온 그 사람들이 새벽부터 한국 아이돌 공연을 보기 위해 기다리고 있었다는 것입니다. 공연이 시작되려면 아직도 몇 시간이나 더 남아 있었는데 말입니다.

집으로 돌아오는 길에 그들을 좀 더 자세히 살펴보았습니다. 그들 중에는 오래 기다릴 것을 대비해 의자는 물론 책상까지 준비해 온 사람들이 있었습니다. 책상에서 즐겁게 카드놀이를 하거나 콘서트에서 함께 부를 노래와 춤을 미리 연습하는 모습들도 보였습니다. 그런데 신기하고 놀라왔던 것은 의미를 잘 알지도 못하는 한국노래를 듣고 따라 부르기 위해 기다리는 그들의 얼굴에는 피곤하거나 지루한 기색이 보이지 않았다는 것입니다.

그날 생각했습니다. 시대가 변하고 많은 것이 변했다 해도 사람의 내면에 꿈틀대는 기대와 열정의 에너지는 변하지 않았다는 것입니다. 사람은 마음 속 기대가 크면 클수록 상상할 수 없는 행동이 나옵니다. 아무리 조급한 사람도 정말 기대할 것을 만나면 인내할 힘이 생기고 수줍음이 많은 사람도 자기도 모를 용기가 솟구칩니다. 상황과 본능을 뛰어넘는 큰 내적 에너지가 사람의 마음 속에는 잠재해 있는 것입니다. 사실 이것은 하나님이 하나님을 찾도록 사람의 내면에 설계하신 기대하는 열정과 에너지입니다.

우리는 모두 기대했던 경험들이 있습니다. 어린 시절엔 소풍과 수학여행을 기대했고 생일이나 성탄절엔 선물을 기대했습니다. 사랑이 시작되면 먼 발치에서 걸어오는 연인과 함께 보낼 시간을 기대하고 사랑이 무르익으면 청혼과 결혼을 기대합니다. 부부는 태어날 아이를 기대하고 할머니와 할아버지들은 사랑스러운 손주와의 만남을 기대합니다. 군대에서 첫 휴가를 나온 아들은 가족과 친구들과의 만남을 기대하고 부모들은 자녀의 대학과 직장 합격을 기대합니다. 때론 아픈 가족이나 친구의 치유를 기대하고, 올림픽 결승전을 기대하기도 합니다.

기대는 어떤 일이 원하는 대로 이루어지기를 바라며 기다리는 행위나 상태를 말합니다. 고대하는 일이 일어날 것을 예상하고 간절히 기다리는 마음 말입니다. 우리는 하나님을 믿으며 기대합니다. 하나님과의 만남을 믿고 하나님이 역사하실 것을 믿고 하나님의 약속을 믿으면서 기대합니다. 믿음이 곧 기대입니다. 믿음이 없다면 기대할 수 없습니다.

하나님의 기대와 사람의 기대가 만나는 시간이 바로 예배입니다. 하나님을 기대하는 마음을 갖는 것 그것이 예배의 시작입니다. 예배하기 위해 모였다면 하나님을 기대하는 부푼 가슴과 떨림 가득한 눈을 가져야 합니다. 하나님의 임재의 영광을 진실되게 표현하는 거룩한 본성을 예배 가운데 경험해야 합니다.

우리가 하나님을 머릿속에 떠올리며 생각했을 때 무엇이 떠오르는지는 너무 중요합니다. 하나님을 생각할 때 떠오르는 그 생각이 바로 내가 누구이며, 내가 무엇을 해야 하는 사람이며, 내가 무엇을 기대하고 있는지를 말해 줍니다. 내가 예배하는 하나님께서 과거의 내 인생에 어떤 일을 행하셨나요? 최근에 하나님께서는 나에게 어떤 역사를 보여 주셨나요? 하나님은 앞으로 나를 통해 어떤 일을 하실 것이라 믿어 지시나요? 이러한 기대가 예배 속에서 표현되어 나와야 합니다.

제가 어릴 적 토요일 저녁이면 어머니는 주일 예배 때 드릴 헌금 지폐를 다리미로 정성껏 피셨습니다. 정말 기대하는 일이 있으면 우리의 마음은 서둘러 준비를 시작합니다. 예배가 하나님을 만나는 시간이라면 하나님에 대한 기대가 당연히 있어야 하고 우리의 마음은 미리 준비되어야 합니다. 예배를 드리기에 앞서 다리미로 헌금을 펴듯 여러분의 마음도 기대만큼 활짝 펴 준비해 놓으시기 바랍니다.

"그 때에 우리 입에는 웃음이 가득하고 우리 혀에는 찬양이 찼었도다 그 때에 뭇 나라 가운데에서 말하기를 여호와께서 그들을 위하여 큰 일을 행하셨다 하였도 다 여호와께서 우리를 위하여 큰 일을 행하셨으니 우리는 기쁘도다"

시편 126:2-3

하나님을 기대하는 것
그것이 예배의 시작입니다.
예배하기 위해 모였다면
하나님을 기대하는 부푼 가슴과
떨림 가득한 눈을 가져야 합니다.

여호와여 신 중에 주와 같은 자가 누구니이까
주와 같이 거룩함으로 영광스러우며 찬송할 만한 위엄이 있으며
기이한 일을 행하는 자가 누구니이까
요한복음 15:11

하나님은 행위의 완벽함을 따라
예배를 평가하시는 분이 아닙니다.
우리의 진심과
정직한 반응을 중요하게 보십니다.

31

극적인 예배

예배가 보이니
삶이 보인다

   한 젊은 군인 장교의 장례식에 참석한 적이 있습니다. 그의 어머니를 잘 알고 있었기 때문에 참석했습니다. 그는 비행기에서 낙하 훈련을 하던 중 사고로 고인이 되었습니다. 그를 아는 친구들과 군인 동료들은 순서 마다 나와서 그와 경험했던 추억과 그가 얼마나 훌륭한 사람이었는지를 고백 했습니다. 그는 그들에게 천사였습니다. 미래가 창창한 젊은 아들을 일찍 떠나보내는 어머니와 그의 친구들의 가늠할 수 없는 슬픔과 안타까운 얼 굴을 보면서 저도 마음이 아팠습니다.

장례식의 마지막 순서로 뷰잉 – 미국에서는 마지막으로 관 속의 시신을 보며 작별인사하는 순서가 있습니다 – 을 기다리는데 조문객이 많아서 한 시간 이상을 기다리며 서 있었습니다. 하지만 1분도 지루하지 않았습니다. 서 있는 것 자체도 의미를 담은 감동적인 의식이었습니다. 그리고 그 때 저는 '이것이 경험한 사건의 크기 이구나'라는 생각을 했습니다.

예배에는 지루할 수 없는 감동적이고 극적인 경험이 있어야 합니다. 그것이 정상입니다. 우리가 하나님을 경험한 사건이 극적이기 때문에 그럴 수밖에 없습니다. 하지만 극적인 경험을 하지 못한 사람들이 예배를 무작정 극적으로 만들려고 할 때 어려움이 생겨납니다.

열린예배로 유명한 한 교회에서 특송을 할 기회가 있었습니다. 그 때 저는 당황스러운 경험을 했습니다. 제가 부르게 될 노래가 4분 정도 소요되는데 3분 30초에 맞추어 끊어 달라는 것이었습니다. 그 날 예배의 큐시트를 살펴보니 제 순서가 3분 30초로 정해져 있었습니다. 그 날 제 마음에는 질문이 일어났습니다. '이 예배는 누구를 위한 예배인가?', '예배가 아닌 공연인가?', '큐시트를 위한 일인가?'

물론, 예배를 만드는 담당자들은 감동은 있되 지루하지 않은 극적인 예배를 추구했을 것입니다. 하지만 교회가 예배를 대하는 태도와 예배가 이루어지는 환경이 교회가 아닌 방송국 같아 씁쓸한 기분을 감출 수 없었습니다.

지루한 것을 참지 못하는 시대입니다. 그래서 예배에서조차 사람들의 눈과 마음을 사로잡을 만한 순서들을 준비합니다. 하지만 세상에는 어떤 신기한 것도 인간의 생각의 크기로 포착되면 곧 평범해지고 지루해집니다. 그래서 예배 의식의 변화와 더불어 예배를 만들고 예배를 하는 사람들이 누구인가가 중요합니다.

우리가 경험한 구원과 진실의 크기를 생각할 때 예배는 극적 이어야 할 책임이 따를 수밖에 없습니다. 교회는 모두가 하나되어 참여하는 감동적인 예배에 대한 꿈이 있습니다. 그런 예배를 만들어 가려면 예배에 대한 인식부터 바뀔 필요가 있습니다.

예배에는 축복의 정신이 들어 있어야 합니다. 하나님을 축복하고 하나님의 하신 일을 축하해야 합니다. 사랑하는 사람의 생일을 축복하고 싶을 때 가지는 심정과 정성과 지혜와 노력이 어떻게 쓰여지고 있는지를 생각해 보시면 도움이 됩니다. 축복하고자 하는 대상을 향한 마음의 크기만큼 준비하는 태도가 달라집니다. 축복하려는 마음이 있으면 촛불과 케익만으로도 의미 있는 시간이 됩니다. 축복하려는 진정성에서 방법이 나옵니다. 축복하려는 마음이 받아들여지면 든든한 후원과 지지를 받을 수 있습니다.

예배의 순서마다 하나님과 성도들을 축복하고 축하하는 진심을 담아 준비해야 합니다. 그럴 때 예상했던 예배 시간이 조금 늘어나거나 줄어도 기대했던 사람들의 반응이나 결과가 따르지 않아도 하나님을 향한 진심을 담은 마음으로 예배를 했다는 것 만으로 그날의 예배는 극적일 것입니다. 하나님께서는 우리의 진심과 태도를 보십니다. 우리가 행하는 행위의 완벽함을 따라 우리의 예배를 평가하시는 분이 아니십니다. 하나님이 감동받으시는 극적인 예배는 우리에게 행하신 하나님의 일에 감동하여 하나님 한 분만을 바라보며 진실한 마음을 드리는 예배입니다.

"모세가 백성에게 이르되 너희는 두려워하지 말고 가만히 서서 여호와께서 오늘 너희를 위하여 행하시는 구원을 보라 너희가 오늘 본 애굽 사람을 영원히 다시 보지 아니하리라" **출애굽기 14:13**

예배에는
축복의 정신이 담겨 있습니다.
축복이 가득한 결혼식과
생일을 축하하는 마음에서
예배의 정신을 볼 수 있습니다.
축복하는 마음만 있다면
촛불과 케익만으로도 충분합니다.
방법은 축복하는 마음에서 나옵니다.

믿음이 없이는 하나님을 기쁘시게 하지 못하나니
하나님께 나아가는 자는 반드시 그가 계신 것과
또한 그가 자기를 찾는 자들에게 상 주시는 이심을 믿어야 할지니라
히브리서 11:6

예배의 영광은
하나님의 임재의 영광입니다.

32

만남을 꿈꾸고 있다면

예배가 보이니
삶이 보인다

　가수를 꿈꾸는 학생이 있었습니다. 어느 날 그는 동경하는 가수의 매니
저로부터 연락을 받았습니다. 그 가수가 재능 기부의 차원에서 보컬레슨
을 해 주려고 가수 지망생을 찾고 있다고 했습니다. 그러면서 정말 가수가
되고 싶은 지를 물었습니다. 얼마나 놀라운 소식일까요? 상상 속에서만
있던 일이 지금 현실이 되려고 합니다.

며칠 후 매니저로부터 다시 연락이 왔습니다. 보컬레슨을 정말 원한다면 몇 가지 해결해야 할 것이 있었습니다. 유명한 가수와 만나기 위해서 대중에게 노출이 안 되는 연습실이 준비돼야 한다고 했습니다. 또 한가지는 가수의 목을 보호해야 함으로 일정한 습도 조절 장치가 필요하다고 했습니다. 여러분은 지금 이러한 요구가 부당하거나 불가능하게 들리시나요 아니면 타당한 이유가 있는 요구인가요? 가수가 평생 소원인 사람에게 연습실을 만드는 수고가 고역일까요 아니면 기쁜 수고일까요? 이러한 요구는 누구를 위한 요구로 받아들여야 할까요? 사람마다 생각은 다를 수 있겠지만 가수가 되고 싶은 절박한 사람에게 답은 분명해집니다.

하나님께서 모세에게 주신 성막의 설계도를 보면 재질, 수치, 모양, 색상 등 읽기만 해도 이해하기 쉽지 않은 내용들입니다. 그럼에도 어느 것 하나 소홀히 할 수 없는 이유는 이 우주를 만드신 분이 만나 주시겠다고 제시한 환경이라는 것입니다. 하나님께서 만들라고 하신 성막은 하나님과의 만남을 성취하기 위한 프로젝트였습니다. 하나님은 하나님의 거룩하심이 손상되지 않는 범위 내에서 지시한 대로 성소를 건축한다면 하나님은 그곳에서 만나 주실 것이라고 약속하셨습니다.

"내가 거기서 이스라엘 자손을 만나리니 내 영광으로 말미암아 회막이 거룩하게 될지라" **출애굽기 29:43**

하나님께서 성소의 건축을 바라시는 이유는 하나님 때문이 아닙니다.

바로 이스라엘 백성을 위한 임재와 지혜의 기부를 약속하신 것입니다. 그곳에서 천지를 지으시고 만물을 다스리시는 주 하나님을 만날 수 있다는 사실입니다. 하지만 성막은 모세 한 사람만으로 지어질 수가 없었습니다. 하나님이 보여주신 모양과 지시사항을 정확하게 이해할 수 있고 그대로 따를 수 있는 사람들이 함께 수고를 해야 가능한 일이었습니다. 그리고 하나님의 약속이 성취될 것을 믿고 기대하는 사람들은 모두 기쁜 마음으로 감당할 수 있었습니다.

"모세가 그같이 행하되 곧 여호와께서 자기에게 명령하신 대로 다 행하였더라"
출애굽기 40:16

예배의 영광은 하나님의 임재의 영광입니다. 이것을 큰 특권과 영광으로 볼 것인가 아닌가는 하나님과의 만남이 어떤 의미가 있는지, 얼마나 절박한 것인지를 아는 사람에게 달려 있습니다. 경험으로 볼 때 진짜 가르쳐줄 것이 있고 미래에 대한 약속이 확실하다면 부탁하거나 사정하지 않습니다. 확실할수록 당당하게 요구할 것이며 사랑한다면 명령까지 해서라도 기회를 놓치지 않게 할 것입니다. 정말 주님을 만나고 싶으신가요? 그렇다면 주님의 지시와 요구를 짐이 아니라 특권으로 받아야 합니다.

"모세가 이같이 역사를 마치니 구름이 회막에 덮이고 여호와의 영광이 성막에 충만하매 모세가 회막에 들어갈 수 없었으니 이는 구름이 회막 위에 덮이고 여호와의 영광이 성막에 충만함이었으며" **출애굽기 40:33-35**

모든 것이 가하나 모든 것이 유익한 것은 아니요
모든 것이 가하나 모든 것이 덕을 세우는 것은 아니니
누구든지 자기의 유익을 구하지 말고 남의 유익을 구하라
고린도전서 10:23-24

장성한 사람은
항상 약한 자들을 생각합니다.

33

공감대

예배가 보이니
삶이 보인다

교회는 어려운 곳입니다. 교회가 왜 어려운 곳일까요?

이 세상에 아무나 와도 좋다는 곳은 교회뿐입니다. 세상 어느 모임도 아무나 오라는 모임은 없습니다. 다 어떤 자격을 요구하죠. 하지만 교회는 그렇지 않습니다. 그리고 요구할 수도 없습니다. 아무런 조건도 자격도 없이 오직 하나님의 은혜로 구원받은 사람들이 모인 곳이 교회이기 때문입니다.

교회는 어려울 수밖에 없습니다. 성별, 나이, 학력, 경험이 다른 다양한 사람들이 함께 모여 예배하기 때문에 그렇습니다. 트로트 문화를 선호하는 사람이 있는가 하면, 팝음악을 선호하는 사람이 있고, 클래식을 좋아하는 사람들과 록 음악을 좋아하는 사람들도 있습니다.

신앙의 경력은 또 어떤가요? 학원에서는 사람을 학습의 기량을 따라 기초반, 중급반, 고급반으로 나누어 함께 있도록 하지 않지만 교회는 지난주에 온 새 신자와 30년 전부터 믿어온 오래된 신자가 한 장소에서 같은 말씀을 듣습니 다. 생각해보면 교회는 정말 신비하면서 어려운 곳입니다. 함께 사는 가정 안에서도 식구들의 마음이 하나 되기가 쉽지 않다고 말하는데 교회는 더더욱 어려울 수밖에 없습니다.

이런 상황에서 정말 도움이 되는 사람들이 있습니다. 선택의 폭을 넓혀 주는 사람들입니다. 예를 들어, 무엇이든 다 좋은데 한가지만 고려해 달라고 말하는 사람들입니다. 알레르기 때문에 땅콩만 안 들어가면 무엇이든 다 좋다는 사람들입니다. 전체를 위해서 선택의 폭을 넓혀 주는 사람들이 건강한 사람들입니다. 그러면 선택할 수 있는 범위가 넓어지기 때문입니다. 내가 원하는 것을 고집 피우는 사람들은 건강한 사람들이 아닙니다. 함께 할 수 있는 공감대를 만들어 주는 사람들이 건강하고 성숙한 사람들입니다. 전체를 생각해서 자신의 편리를 줄이려는 사람들이 많은 공동체가 건강한 공동체입니다. 여러분은 어떤 일을 결정할 때 전체를 위해 공감대의 범위를 넓혀 주는 사람이신가요?

그럼 예배현장에서 필요한 공감대를 이야기해 봅시다. 우리는 찬송에 대해서도 공감대를 넓혀야 합니다. 찬송을 선곡할 때에도 공감대가 넓은 사람보다 적은 사람들 때문에 교회와 예배 인도자들은 애를 먹고 긴장하게 됩니다. 그래서 예배는 자꾸 쪼개지고 나뉘는 현상이 발생합니다. 세대별로 나뉘어 예배하는 것을 당연시합니다. 주일날 교회에 오면 가족들은 뿔뿔이 흩어져 예배합니다. 가정예배를 드리지 않는 이상 가족이 함께 예배를 드리는 경험이 없습니다. 그렇다면 나의 부모님이 예배를 어떻게 드리는지, 나의 자녀들이 예배를 어떻게 드리는지 서로 보며 배울 기회가 없습니다. 더구나 모든 세대가 함께 예배를 드리려면 당장 불러야 할 찬송을 선택하는 것도 쉬운 일이 아닌 것입니다.

나는 내가 좋아하는 찬송을 불러야 예배가 된다는 입장과 나는 어떤 찬송을 선택하든지 성도들이 하나님을 만나는 예배가 되면 그것으로 만족한다는 생각은 차원이 다릅니다. 잘 모르는 곡이나 선호하지 않는 풍의 찬송을 부르게 되어도 이 찬송을 통해 누군가 하나님을 만날 수 있는 기회가 생긴다면 모르는 곡은 배우며 마음을 열고 예배할 수 있습니다. 이전에 공감해보지 못했던 영역을 넓혀보려는 시도는 건강한 공동체를 만들기 위해 필요한 성도의 자세입니다. 그리고 교회와 예배 속에서 우리가 만족을 얻고 은혜를 경험하는 수단은 찬송만 있는 것이 아닙니다. 모든 순간에 역사하시며 마음을 만족케 하시고 은혜를 경험케 하시는 하나님을 기대할 수 있어야 합니다.

장성한 사람은 항상 약한 자들을 생각합니다. 약한 자들이 예수님을 잘 만날 수 있다면 내가 잘 모르는 찬송을 부를지라도 하나님께서 하시는 일이라 여기며 기뻐할 수 있습니다. 믿음의 장성한 분량에 이른 이들이라면 이제 미래세대를 생각해야 합니다. 거친 고난 속에서 하나님의 구원과 은혜를 미리 체험한 강자들은 이런 편리한 세상에서 하나님을 멀리하는데 익숙한 자녀세대의 약한 믿음을 도우려고 해야 합니다.

다음 세대가 함께 머무는 교회를 선교지로 생각해야 합니다. 모두 선교사와 같은 마음으로 그들이 예수님을 잘 믿을 수 있다면 어떤 모양이든지 되겠다고 말해야 합니다. 그것이 장성한 사람의 생각일 것이고 그런 사람들이 많이 모인 교회가 건강하고 아름다운 공동체입니다.

넓은 공감대를 소유하여 약한 자를 세우고 더불어 함께 성장하는 건강하고 아름다운 교회들이 많아지기를 바랍니다. 그곳에서 나오는 즐거운 소리와 향기가 세상에 퍼져 영혼 구원의 좋은 소식이 들려오기를 기대합니다.

"믿음이 강한 우리는 마땅히 믿음이 약한 자의 약점을 담당하고 자기를 기쁘게 하지 아니할 것이라 우리 각 사람이 이웃을 기쁘게 하되 선을 이루고 덕을 세우도록 할지니라" **로마서 15:1-2**

다음 세대를 선교지로 생각해야 합니다.
성도들 모두가 선교사와 같은 마음으로
다음 세대들이 예수님을 잘 믿을 수 있다면
어떤 모양이든지 기꺼이 되어 주어야 합니다.

이는 성도를 온전하게 하여 봉사의 일을 하게 하며
그리스도의 몸을 세우려 하심이라
우리가 다 하나님의 아들을 믿는 것과 아는 일에 하나가 되어
온전한 사람을 이루어
그리스도의 장성한 분량이 충만한 데까지 이르리니
에베소서 4:12-13

기독교는 깨달음이
목표가 아니라 변화가 목표입니다.
변화는 관계 속에서
증명되어야 합니다.

34

사이버 처치(Cyber Church)

예배가 보이니
삶이 보인다

   오늘날 우리의 삶에 침투한 인공지능과 인터넷은 가상현실이 마치 실존하는 현실처럼 착각할 수 있게 발전했습니다. 이제 인터넷 세상은 과거 인류가 경험해 보지 못한 새로운 하늘과 땅이 되었습니다. 이러한 가상현실이라는 공간을 목표로 등장한 교회가 '사이버 처치(Cyber Church)'입니다. 사이버 처치가 교회라는 이름을 내걸고 있기 때문에 당연히 인터넷 상에서의 예배의 기능을 장착하고 있습니다. 그렇다면 이 부분에 대하여 고민할수밖에 없습니다.

사이버 공간이 가져오는 삶의 변화에는 긍정적인 면과 부정적인 면이 있습니다. 한 예로, 긍정적인 면은 빠른 정보의 교류와 확대입니다. 하지만 그 늘진 부분도 있습니다. 비사회화, 고립화, 공동체성의 해체 현상과 같은 문제를 지적할 수 있습니다. 정말 사이버 처치가 교회다운 교회와 예배로 자리잡을 수 있을까요?

여기에 짚고 넘어가야 할 크고 중요한 문제가 있습니다. 그것은 예수님이 육체로 오신 것을 가장 중요한 문제로 생각해 왔던 이유, 그것과 관련이 있습니다. 왜 예수님은 육체로 오셔야 했을까요? 왜 예수님이 육체로 오셨다는 진리가 그렇게 중요했으며 타협할 수 없는 진리가 되었을까요?

하나님은 인간을 구원하시기 위하여 구원에 관한 정보와 탁월한 방법론만을 제공하지 않았습니다. 완벽한 책을 전달하는 것으로 끝내지 않았습니다. 하나님의 아들은 인간의 몸을 입고 직접 오셨습니다. 몸을 대신할 수 있는 것이 없기 때문입니다.

여기서 몸과 관련하여 더 생각해 봐야 할 것이 있습니다. 교회가 그리스도의 몸이라는 개념은 어떤 의미일까요? 교회가 그리스도의 몸이라는 개념은 왜 생긴 것일까요? 교회가 그리스도의 몸이 아닌 다른 것은 될 수 없었을까요?

사람은 혼자서는 절대 할 수 없는 것들이 있습니다. 그것은 몸과 관련된 일입니다. 예를 들어, 인내는 인내에 대한 탁월한 책을 읽고 깨달아서 만들어지는 것이 아닙니다. 인내는 반드시 기다림의 과정을 거쳐야 합니다. 누군가와 부대껴야 합니다. 인격은 혼자서 저절로 자라는 것이 아닙니다. 반드시 몸을 겪어야 합니다.

이렇듯 몸이 될 수 없으면 결코 배울 수 없고 이뤄낼 수 없는 과제가 있습니다. 기독교가 깨달음의 종교 그 이상인 이유가 바로 여기에 있습니다. 깨달음은 혼자 방에 앉아서 경험할 수 있습니다. 이러한 행위와 목표는 다른 종교에도 얼마든지 있습니다. 하지만 기독교는 깨달음이 목표가 아니라 변화가 목표입니다. 그리스도의 장성한 분량에 이르는 것이 목표입니다. 사람들이 찾는 변화는 관계 속에서 증명되어야 합니다.

하나님은 사랑이시라는 사실을 발견하고 깨달을 수 있습니다. 하지만 사랑이 곧 하나님이라고 볼 수 없습니다. 하나님은 사랑에만 구속되시는 분이 아닙니다. 진리의 하나님이시기 때문입니다. 사랑만으로 진리가 완성될 수 없습니다. 진리를 떠난 사랑은 독이 됩니다. 그런데 이 시대의 정신은 사랑에 진리를 굴복시키고 있습니다. 진리의 하나님과 하나님의 궁극적인 계획에 대해서 함구합니다.

사이버 처치는 이러한 부분에 답할 수 있어야 합니다. 장성하다는 것이 어떤 모습인지, 어떻게 그 목적을 성취할 수 있다고 보는지 정직하고 확신 있게 답할 수 있어야 합니다. 장성한 사람은 말과 생각만으로 평가되는 것이 아닙니다. 몸으로 표현되고 완성되어 갑니다. 어느 시대이건 기독교가 하나님의 목표에서 멀어졌을 때 세상은 잡음이 많아졌고 악순환과 이를 뒷

받침하는 합리적인 논리들이 만들어졌습니다. 사이버 세상에서 달콤한 제안에 대처하기 위해서는 하나님의 지혜를 구하고 하나님의 목표에 깨어 있어야 합니다.

"이는 우리가 이제부터 어린 아이가 되지 아니하여 사람의 속임수와 간사한 유혹에 빠져 온갖 교훈의 풍조에 밀려 요동하지 않게 하려 함이라 오직 사랑 안에서 참된 것을 하여 범사에 그에게까지 자랄지라 그는 머리니 곧 그리스도라"

에베소서 4:14-15

" 만일 한 지체가 고통을 받으면 모든 지체가 함께 고통을 받고 한 지체가 영광을 얻으면 모든 지체가 함께 즐거워하느니라 너희는 그리스도의 몸이요 지체의 각 부분이라 " **고린도전서 12:26-27**

기독교가 깨달음의 종교
그 이상인 이유가 바로 여기에 있습니다.
깨달음은 혼자서도 경험할 수 있습니다.
이러한 행위와 목표는
다른 종교에도 얼마든지 있습니다.
하지만 우리의 목표는 변화입니다.
그리스도의 장성한 분량에 이르러야 합니다.

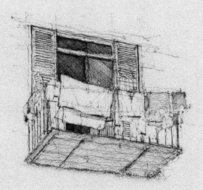

스스로 속이지 말라 하나님은 업신여김을 받지 아니하시나니
사람이 무엇으로 심든지 그대로 거두리라
자기의 육체를 위하여 심는 자는 육체로부터 썩어질 것을 거두고
성령을 위하여 심는 자는 성령으로부터 영생을 거두리라
갈라디아서 6:7-8

하나님과의 사귐의 기쁨을
부지런히 심어야 합니다.
심은 것은 반드시 거두게 될 것입니다.

35

심은 대로 거두는 예배

예배가 보이니
삶이 보인다

　2천년 기독교 역사를 통틀어 지구상의 모든 교회가 1년 이상을 격리하며 예배를 드린 적은 없었습니다. 코로나 바이러스는 예배를 위협했습니다. 코로나가 한 풀 꺾여 대면예배가 조금씩 시작되었지만 두려움 때문에 몇 주도 아니고 2년 가까이 교회에 나가지 않고 예배를 경험한 세대가 만들어졌습니다. 이제 온라인 예배는 필수적이며 선택적인 예배로 대체되었습니다.

어떤 교회에서 코로나 기간 동안 청년들이 온라인 예배에 참여한 시간을 조사했다고 합니다. 그 결과 17분 정도만 제대로 참여했다는 인원수가 압도적이었습니다. 설교시간 만해도 20분이 넘을 텐데 17분 만 참여했다면 그들이 드린 예배는 도대체 어떤 예배였을까요?

심은 대로 거둔다는 옛말이 있습니다. 그 말이 맞습니다. 우리는 심은 대로 거둡니다. 예배에 대한 생각도 마찬가지입니다. 청년들이 드린 17분이라는 예배 시간은 이전에 심겨진 예배에 대한 생각의 결과물이 아닐까요? 이쯤에서 우리는 평소에 예배에 대한 생각을 어떻게 심었는지 돌아볼 필요가 있습니다. 만약, 평소에 예배를 설교 듣는 시간으로만 심었다면 17분 예배는 설교의 속도를 빠르게 해 놓고 들었다고 볼 수 있습니다. 아니면 설교의 핵심만 들어도 된다는 생각을 하게 했는지 모릅니다.

코로나 바이러스가 주춤해지고 다시 대면 예배가 가능해지면서 교회들은 예배당의 문을 활짝 열었지만 교회들마다 예배 참여율에 비상이 걸렸습니다. 많은 사람들이 대면예배가 가능함에도 온라인 예배를 선택하여 드리는 것입니다. 어쩌면 집에서 컴퓨터나 텔레비전으로 예배를 관람하듯 보던 사람들이 주일날 몸을 씻고 옷을 골라 입는 수고가 번거로웠을 수 있습니다. 소파에 앉아서 편하게 예배했던 습관이 몸에 배어 차를 타고 멀리까지 가야 하는 수고가 부담이 되었는지 모릅니다. 물론 온라인 예배는 교회에 가고 싶어도 갈 수 없었던 분들이 누릴 수 있는 감사한 시간이었습니다.

그동안 예배를 어떤 생각과 태도로 대하고 있었기에 이런 결과들이 나타나는 것일까요? 교회는 예배를 프로그램이나 쇼처럼 관람하게 만들지는 않았나요? 그러한 생각을 하도록 생각을 심었다면 지금 그 열매를 거둘 수밖에 없습니다. 상업주의에 물든 예배가 생각을 변질시켜왔습니다. 예배를 한 시간짜리 프로그램으로 대하게 만들었습니다.

예배는 예배시간을 엄수하는 자리가 아닙니다. 하나님은 예배자를 찾으셨지 예배시간을 찾는다고 말씀하지 않았습니다. 교회는 예배자를 만들어 왔는지 아니면 예배적 활동을 만들어 왔는지 돌아보아야 합니다. 물론 제대로 예배를 드리기 위해서는 예배시간을 엄수하여 지키고 참여하는 것이 중요합니다. 하지만 예배는 예배시간을 지키는 것, 예배에 참여하는 것이 전부가 아닙니다. 교회는 성도들을 삶에서도 예배하는 예배자로 세웠어야 했습니다.

가정과 삶에서 하나님을 갈망하며 예배해 온 사람들은 함께 모여 예배하는 것이 자연스러운 일입니다. 예배가 기쁜 사귐의 사건이라는 것을 안다면 함께 모여 예배했을 때 경험하는 영광이 얼마나 크고 복된 사건인지를 알기에 모이기를 사모합니다. 이것은 사건이 클수록 한 곳에 모여 확인하고 싶어하는 본성과 일치합니다. 예배 속에서 하나님과의 복된 사귐의 기쁨을 부지런히 심어야 합니다.

"모이기를 폐하는 어떤 사람들의 습관과 같이 하지 말고 오직 권하여 그 날이 가까움을 볼수록 더욱 그리하자" **히브리서 10:25**

지혜가 보인다

지혜가 보인다
예배인도자들에게

또 그의 종 다윗을 택하시되
양의 우리에서 취하시며
젖 양을 지키는 중에서 그들을 이끌어 내사
그의 백성인 야곱, 그의 소유인 이스라엘을 기르게 하셨더니
시편 78:70-71

섬기는 사람은

때를 기다릴 줄 압니다.

36

관계의 기술

예배가 보이니
삶이 보인다

2001년, 저는 태평양을 건너 미국으로 이주했습니다. 로스앤젤레스에 소재한 교회의 열린예배 책임자로 청빙을 받았습니다. 물론 쉬운 결정은 아니었습니다. 저를 생각해 주시는 분들은 걱정을 많이 했습니다. 특히 그 교회의 사정을 잘 알고 있는 사역자들은 그곳은 잘 해도 쫓겨나고 못해도 쫓겨나는 교회라고 말했습니다. 그 교회에서 찬양인도를 맡았던 분이 저에게 들려준 이야기가 있었습니다. 사람들이 모르는 새로운 찬양을 선곡해서 부르면 인도자 마이크 볼륨을 내리든지 직접 권사님 중에 한 분이 나와서 다른 곡을 부르라고 지시한다는 것이었습니다. 그런 곳에 제가 가족을 이끌고 간 것입니다.

사역을 시작하기 전에 저는 모든 것을 내려 놓기로 마음먹었습니다. 눈높이를 생각했습니다. '나는 나를 증명하기 위해 이 교회에 온 것이 아니다. 섬기러 왔다. 내가 부르고 싶은 노래가 아니라 이 분들에게 익숙한 노래를 가지고 하나님을 만날 수 있도록 돕자!' 그렇게 다짐했습니다. 눈이 오나 비가 오나 항상 자기 자리를 지키고 계신 권사님들이 제 앞에 오십분 정도가 보였습니다. 저는 율동을 하면서 찬양을 인도하기도 했습니다.

"찬송을 부르세요. 찬송을 부르세요. 놀라운 일이 생깁니다. 찬송 부르세요." 이 곡의 율동의 하이라이트인 "놀라운 일이 생깁니다." 부분을 부를 때는 기절하는 제스처를 하면서 찬송을 불렀습니다. 그렇게 두 달이 지났을 무렵 권사님 한 분이 저에게 찾아오셨습니다. 그리고 말씀하셨습니다. "이제 하고 싶은 대로 하세요. 마음껏 해도 돼요." 그렇다고 권사님이 말씀하신 '제가 하고 싶은 대로' 하고 싶은 마음도 없었습니다. 저는 이런 상황을 의도한 것이 아니었기 때문입니다. 저는 이분들이 행복하게 하나님을 찬송하면 나의 역할을 다한 것이라 생각하며 찬양인도를 했습니다.

제가 어릴 적엔 원숭이 엉덩이로 시작해서 백두산 정상까지 말이 이어지는 노래를 불렀습니다. 그 가사는 이렇습니다. "원숭이 엉덩이는 빨개, 빨가면 사과, 사과는 맛있어, 맛있으면 바나나, 바나나는 길어, 길으면 기차, 기차는 빨라, 빠르면 비행기, 비행기는 높아, 높으면 백두산, 백두산에 태극기, 태극기가 바람에 펄럭입니다…"

이 노래를 잘 모르시는 분들도 이 노래의 가사를 보면 등장하는 사물들이 서로 연관성이 있다는 것을 발견하실 것입니다. 첫 소절만 잊지 않는다면 끝까지 부를 수 있습니다. 어떤 대상의 특징을 말하고 그 특징 때문에 떠오르는 또 다른 대상을 떠올리는 식입니다. 사실 특별하고 중요한 논리는 없습니다. 비약일 뿐입니다. 그렇다고 사람들이 이 노래에 문제를 삼지도 않습니다. 가사 속의 연관성을 받아들이기 때문입니다.

사람의 관계는 바로 이 노래와 같은 경우를 말하는 것 같습니다. 논리보다 상호 간의 관계를 더 중요하게 생각합니다. 서로 관계가 좋지 않으면 아무리 옳고 이치에 맞는 말을 해도 잘 인정하려고 하지 않습니다. 하지만 관계가 좋으면 틀린 것도 그것이 맞는 것이 되도록 도와주려고까지 합니다. 사람과 사람 사이에서는 논리보다 관계가 비중이 큰 것입니다.

제가 왜 이런 이야기를 하고 있을까요? 우리 민족의 관계 문화는 이러한 성향을 가지고 있다는 것을 말하고 싶어서입니다. 그러므로 새로운 변화를 시도하고자 할 때는 논리나 당위성을 생각하기 이전에 관계를 먼저 고려해야 합니다. 적대적인 관계에서는 어떤 옳음이나 시대적인 사명을 이야기해도 통하지 않습니다. 단지 그 일을 펼치는 사람이 누구 편인지가 중요할 뿐입니다.

제가 부임하자 마자 제가 담당한 예배를 반대하고 없애려는 운동에 앞장서셨던 분이 계셨습니다. 그분을 직접 만나 보니 교회를 정말 사랑하는 순수한 분이셨습니다. 하지만 이 예배를 처음 기획한 의도 자체를 의심했기 때문에 앞장서서 반대하고 계셨습니다. 그런데 그 분의 딸이 찬양팀에 들어오게 되었습니다. 그분은 사랑하는 딸이 회중 앞에 나와서 기쁜 표정을 지으며 열정을 다해 노래하는 모습을 보며 무관심할 수 없었습니다. 자주 찬양팀을 힐끔힐끔 쳐다보며 지나가셨습니다. 1년이 채 지나지 않아서 그분은 마음을 여셨고 예배에서 받은 은혜를 회중 앞에서 간증도 하셨습니다.

사람은 자신이 주장한 말이 현실이 되어지길 바라고 어떻게든 되어진 현실을 보고 싶어합니다. 안 될 것 같으면 사비를 털어서라도 되게 하려고 애를 씁니다. 그래야 자신의 말이 신뢰를 받기 때문입니다. 하지만 안 된다고 주장한 사람은 안 되어야 자신의 말이 신뢰를 받기 때문에 어디선가 방해를 합니다. 저마다 자신의 주장을 현실로 만들기 위해 노력하는 것입니다. 각자가 자신의 주장이 옳고 그것이 사명이라 생각한다면 부딪히고 깨어질 수밖에 없는 현실입니다. 그래서 사역에서는 사명이라는 논리적인 당위성을 생각하기 이전에 좋은 관계를 이뤄내야 합니다.

어떻게 하면 좋은 관계를 이뤄낼 수 있을까요? 혹은 어떤 사람이 좋은 사역자일까요?

주장하는 사람이 아니라 섬기려는 사람입니다. 섬기는 사람들은 대부분 관계가 좋습니다. 섬기려는 사람들은 기다릴 줄 아는 사람들입니다. 기다림의 시간 속에서 신뢰를 얻게 됩니다. 신뢰를 바탕으로 한 좋은 관계가 맺어지면 지지와 응원을 받으며 사역할 수 있습니다. 천천히 가더라도 관계가 좋은 것이 빨리 가려다가 사역과 관계가 모두 깨어지는 것 보다 낫지 않을까요? 그래야 각자의 소중한 사명을 함께 이루어 갈 수 있지 않을까요?

"마음을 같이하여 같은 사랑을 가지고 뜻을 합하며 한마음을 품어 아무 일에든지 다툼이나 허영으로 하지 말고 오직 겸손한 마음으로 각각 자기보다 남을 낫게 여기고 각각 자기 일을 돌볼뿐더러 또한 각각 다른 사람들의 일을 돌보아 나 의 기쁨을 충만하게 하라" **빌립보서 2:2-4**

소년 중 한 사람이 대답하여 이르되
내가 베들레헴 사람 이새의 아들을 본즉 수금을 탈 줄 알고
용기와 무용과 구변이 있는 준수한 자라
여호와께서 그와 함께 계시더이다 하더라

삼상 16:18

가야 할 장소에
익숙한 사람은
사람들을 데려가는 데에도
익숙합니다.

37

잠자는 자들을 깨우지 마라

예배가 보이니
삶이 보인다

왜 예배인도자들은 말을 하는 것일까요? 말을 어느 정도 해야 적당한 것일까요? 말없이 찬양인도는 할 수 없는 것일까요? 물론 인도자라면 말을 전혀 하지 않을 수는 없습니다. 하지만 말을 적절하게 하지 못할 때 문제가 됩니다. 그 이유는 말을 위한 말을 하기 때문입니다.

예배인도자가 말을 해야하는 이유는 목적을 이루기 위해서입니다. 인도자의 말은 예배에 참석한 사람들이 찬양을 통해 주님을 바라보며 하나님의 임재 앞에 나아갈 수 있도록 돕기 위한 것입니다. 그렇다면 목적에 맞고 경우에 합당한 말을 해야 하지 않을까요?

예를 들어 불면증으로 고통을 받는 사람들이 깊은 잠에 들고 싶어서 모였다고 가정해 봅시다. 인도자는 잠드는 데 효과가 있는 곡을 신경 써서 골라야 합니다. 인도자가 선곡한 자장가의 목적은 잠이 들도록 하는 것입니다. 물론 인도자 자신이 잠들어 본 노래의 경험이 있어야 확신 있게 인도할 수 있습니다.

모든 사람들이 자장가를 부르기 시작했습니다. 인도자는 이제 무엇을 해야 할까요? 인도자는 사람들이 잠이 들려고 하는지, 눈빛은 변하고 있는지, 하품을 하고 있는지 관찰해야 합니다. 시간이 흐르면서 잠이 들려는 사람들이 늘어나고 있다면 더 이상 말이 필요 없습니다. 목적한 대로 잠이 들고 있기 때문입니다. 대부분의 사람들이 잘 자고 있다면 더 깊이 잘 수 있도록 거기에 맞는 노래를 조용히 이어서 부르면 됩니다. 그런데 만일 인도자가 잠이 이제 막 들려고 하는 사람들 앞에서 갑자기 노래를 멈추고 잠을 왜 자야 하는지 장황하게 설명하고 있다면 얼마나 적절치 않은 행동일까요? 어떤 경우에는 잠이 든 사람을 깨우기까지 하며 지금은 자야 할 시간이라고 외치기도 합니다. 그것은 인도자의 목적이 잠이 아니라 해 주어야 할 말에 있기 때문입니다.

다윗은 구변에 준수했습니다. 구변이 준수하다는 것은 자신이 생각한 것을 정확하게 전달할 수 있고 목적한 대로 설득할 수 있다는 뜻입니다. 또한 구변이 준수하다는 것은 말이 더 이상 필요하지 않을 때에 침묵할 수 있는 것입니다. 구변이 준수한 사람의 말에는 신축성이 있습니다. 10분간 말할 수 있는 내용을 1분에도 말할 수 있고, 1분간 할 수 있는 말을 5분으로 늘려서도 할 수 있습니다. 어떻게 그것이 가능할까요? 묵상과 관찰 훈련이 그것을 가능하게 합니다. 다윗은 음악가 이기 이전에 하나님의 말씀을 주야로 묵상했던 사람입니다. 날마다 말씀을 즐겁게 묵상하고 기록해 가는 사람은 생각의 근육과 적절하게 표현하는 감각이 발달합니다.

앞서 예배인도자의 목적은 예배에 참석한 모든 사람이 하나님의 임재 앞에 나아가도록 돕는 역할이라고 했습니다. 예배인도자가 회중을 하나님의 임재 앞으로 인도하려면 인도자 자신이 먼저 임재 앞에 나아가 본 선경험이 있어야 합니다. 하나님의 임재에 익숙한 사람이 되어야 합니다. 가야 할 곳에 익숙한 사람은 사람들을 데려 가는데 익숙합니다. 또한 사람들이 하나님의 임재 앞으로 나아가는데 도움이 되는 곡들을 잘 알고 있어야 합니다. 사람들이 하나님의 임재 앞에 나아가고 있다면 이제 인도자는 더 적합한 역할을 해야 합니다. 잠을 잘 자고 있는 사람들에게 설명이 필요 없듯이 하나님의 임재 앞에 모인 사람들에게는 주님과 만 머물 수 있도록 물러설 줄 알아야 합니다.

적합한 때에 적합한 말을 하는 것은 쉬운 일이 아닙니다. 하나님의 말씀으로 임재를 경험하며 말씀에 사로잡혔던 생각들을 기록해 가는 습관이 있어야 합니다. 구변이 준수해져 가는 사람들이 됩시다.

"경우에 합당한 말은 아로새긴 은 쟁반에 금 사과니라" **잠언 25:11**

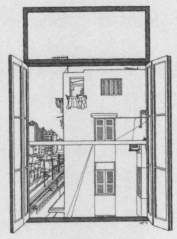

한마음과 한 입으로 하나님
곧 우리 주 예수 그리스도의
아버지께 영광을 돌리게 하려 하노라
로마서 15:6

찬양을 위한
노래에는 목표가 있습니다.
그 노래를 사용하여
하나님 앞에 나아갈 수 있어야 합니다.

38

줄넘기

예배가 보이니
삶이 보인다

제가 어릴 적엔 줄넘기를 하고 놀았던 적이 있습니다. 놀거리가 많지 않았던 그 시절에는 긴 줄 하나만 가지고도 놀이를 할 수 있었습니다. 특히 단체 줄넘기는 줄의 양쪽 끝에서 줄을 잡고 돌리는 사람이 있어야 합니다. 줄을 돌리기 시작하면 돌아가고 있는 줄 안으로 사람들이 차례로 들어가야했는데 그 때 줄에 걸려 넘어지지 않고 얼마나 많은 사람이 들어가 오래 뛸 수 있는지를 겨루곤 했습니다.

돌아가는 줄에 걸려 넘어지지 않고 들어가려면 리듬을 잘 타야 합니다. 돌아가는 줄의 일정한 리듬을 몸으로 익히다가 리듬의 흐름을 타고 들어가는 것입니다. 그리고 여러 사람이 들어가 줄의 리듬을 함께 타면서 뛰게 됩니다. 이때 리듬을 잃어버린 사람이 줄에 발이 걸려 흐름이 끊어지면 실격이 됩니다.

제가 줄넘기 이야기를 하고 있는 이유는 바로 예배를 위해 불려지는 노래가 이와 같다는 것을 이야기하고 싶었기 때문입니다. 교회에서 부르는 찬양 곡들 중에는 악보만 보면 음악 전공자들도 부르기가 어려운 곡들이 있습니다. 예를 들어 "나 무엇과도 주님을 바꾸지 않으리(Wes Sutton 작사, 곡)"라는 곡은 악보대로 정확히 부를 수 있는 사람이 많지 않습니다. 그럼에도 놀라운 사실은 나이가 지긋하신 권사님들이 자연스럽게 부르고 있다는 것입니다. 이것이 어떻게 가능한 것일까요? 이것은 단체 줄넘기처럼 선이 굵은 리듬을 파악했기 때문입니다. 꼭 박자를 맞춘다는 의미가 아닙니다. 줄이 어떤 느낌과 규칙을 가지고 돌아가는지를 감지하여 함께 들어가는 것입니다.

예배를 위해 사용되는 곡은 줄넘기를 할 수 있는 노래여야 합니다. 모든 노래가 다 사용될 수 없습니다. 회중이 함께 부를 수 있으려면 곡의 내용은 기본이지만 성도들이 함께 리듬을 타고 들어 갈 수 있는 곡이어야 합니다. 어떤 경우에는 훈련된 몇 사람만 할 수 있는 발표용 노래가 예배에서 불려지고 있는 것을 볼 때도 있습니다. 사람들은 함께 리듬을 탈 수 없을 때 소외감을 느끼고 힘들어 합니다.

예배인도자는 예배자들을 섬기는 사람입니다. 그러므로 선곡을 할 때 성도들이 줄을 잘 타고 들어올 수 있을지를 생각해야 합니다. 그리고 연주자들은 바로 양쪽 끝에서 줄을 돌리는 사람과 같습니다. 회중이 함께 리듬을 탈 수 있는 곡인지를 분별해야 합니다. 듣기에는 좋지만 함께 부르기에는 적합하지 않은 곡이 있기 때문입니다. 가능한 많은 사람이 줄에 걸려 넘어지지 않고 기쁘게 부를 수 있는 곡을 선택하는 지혜가 필요합니다. 이것이 섬김의 지혜입니다.

예배를 위한 노래는 함께 부르는 것 보다 더 중요한 목표가 있습니다. 그것은 노래하며 하나님 앞에 나아가는 것입니다. 그러므로 찬양을 부르는 사람과 인도하는 사람들은 노래를 부르면서 주님 앞으로 나아가고 있는지 또한 나아갈 수 있는 곡인지를 늘 생각해야 합니다. 그리고 섬김의 자리에 늘 서 있어야 합니다.

"이에 그가 그들을 자기 마음의 완전함으로 기르고 그의 손의 능숙함으로 그들을 지도하였도다" **시편 78:72**

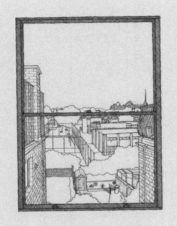

온전한 것이 올 때에는
부분적으로 하던 것이 폐하리라
고린도전서 13:10

마음을 쓰는 것은
누구나 할 수 있습니다.
누구에게나 열려 있는
공평한 기회입니다.

39

누구나 할 수 있는 것

예배가 보이니
삶이 보인다

　가끔 예배순서에 대해서 물어 오는 사람들이 있습니다. "순서들 중에 어떤 것이 성경적입니까?" 라는 질문은 아마도 교회마다 다른 예배순서의 차이를 보았기 때문일 것입니다. 성경에는 오늘날 우리가 드리는 예배 순서에 대한 언급이 없습니다. 하나님께서도 예배순서가 이러 해야 한다고 못을 박아 놓지 않으셨습니다. 그것은 예배의 목적이나 정신과도 일치하지 않습니다. 지금의 개신교 예배순서는 종교개혁자들의 생각이 반영되었다고 보면 됩니다. 하지만 이것 조차도 완전한 것은 아닙니다.

자녀들에게는 부모가 먹는 것부터 입는 것까지 일일이 고르고 선택해 주는 때가 있습니다. 그 때는 자녀들 스스로가 무엇이 옳고 무엇이 유익한지를 알지 못하는 때입니다. 하지만 성장하면서 자녀의 의견이 점점 존중되어집니다. 생각이 성장한 자녀라면 부모에게 일일이 물어보지 않아도 됩니다. 그리고 자녀들의 기질과 성향에 따라 선택도 다양해집니다. 그렇다고 해서 거짓된 것을 선택해도 된다는 의미가 아닙니다.

자녀들의 마음이 성숙해지면 부모의 은혜가 눈에 들어옵니다. 그래서 성숙한 자녀들은 부모의 마음을 한 순간이라도 위로해 드리고 축복하고 싶은 마음을 표현하기 시작합니다. 어떤 자녀는 부모를 축하하기 위해 노래를 불러 드릴 수 있습니다. 또 어떤 자녀는 선물을 준비할 수도 있고 어떤 자녀는 용돈과 함께 편지를 써 드릴 수도 있습니다. 부모님께 드리는 것이 무엇이든 자녀의 진정한 마음이 담겨 있다면 그것은 비교할 수 없는 선물입니다.

오랜 세월을 지나오며 예배순서로 남게 된 것들은 거창하고 특별한 것들이 아니었습니다. 결국 지금의 순서로 남게 된 것은 누구나 할 수 있는 것만 남게 되었다는 사실입니다. 어떤 부요한 교회가 수천 만원 들여서 만든 은혜로운 순서를 경험한다 해서 부러워할 수는 있지만 모든 교회가 다 따라 할 수는 없습니다. 그리고 아무리 특별한 것이라 해도 몇 개월이 지나면 그것 조차도 평범해집니다. 교회는 주어진 여건을 가지고 할 수 있는 최선을 다하면 됩니다. 분명히 기억할 것은 역사 속에서 남게 된 순서들은 모두가 할 수 있는 것만 남았다는 사실입니다.

하나님은 진정한 제사를 받고 싶어하십니다. 진정한 제사는 돈이 드는 게 아니라 마음이 드려지는 것입니다. 마음을 쓰는 것은 누구에게나 공평하게 열린 기회입니다. 하나님의 마음을 잘 알았던 다윗은 하나님은 황소를 드림보다 진정한 노래를 기뻐하신다고 믿었습니다.

"내가 노래로 하나님의 이름을 찬송하며 감사함으로 하나님을 위대하시다 하리니 이것이 소 곧 뿔과 굽이 있는 황소를 드림보다 여호와를 더욱 기쁘시게 함이 될 것이라" **시편69:30-31**

예배는 순서 사이 사이에 기도와 찬송이 들어 있습니다. 하나님을 향하여 진정한 마음이 담긴 고백을 올려 드리는 것입니다. 기도와 찬송은 물질이 쓰여지지 않는 대신에 진정성이 있어야 합니다. 예배가 아무리 화려하다 해도 진정한 마음이 담겨 있지 않으면 그것만큼 손해 보는 것은 없습니다.

"그런즉 형제들아 어찌할까 너희가 모일 때에 각각 찬송시도 있으며 가르치는 말씀도 있으며 계시도 있으며 방언도 있으며 통역함도 있나니 모든 것을 덕을 세우기 위하여 하라" **고린도전서 14:26**

소망의 하나님이
모든 기쁨과 평강을 믿음 안에서 너희에게 충만하게 하사
성령의 능력으로 소망이 넘치게 하시기를 원하노라
로마서 15:13

빛이 많으면

어두움까지 표현할 수 있지만

빛이 없으면

어두움만 표현할 수 있습니다.

40

의지와 소망의 줄

예배가 보이니
삶이 보인다

　은혜로운 설교를 들었을 때 나오는 한결 같은 반응이 있습니다. 그것은 설교 말씀이 마치 자신에게 하는 말씀 같다는 고백입니다. 신비로운 것은 같은 장소에 있었던 각각의 사람들이 똑같은 반응을 보인다는 것입니다. 어떻게 이런 경험이 가능한 것일까요?

　사람은 누구나 의지와 소망의 줄을 붙잡고 살아갑니다. 의지와 소망이 없이는 한 시간도 버텨낼 수 없습니다. 연약한 힘으로라도 의지와 소망의 줄을 붙들고 있어야 합니다. 하나님은 설교자를 통해서 의지와 소망의 줄을 건드려 주십니다. 설교자가 사람들이 붙들고 있는 의지와 소망의 줄을 팽팽하게 잡아당기면 마치 자신에게 하는 말씀처럼 들려오게 됩니다.

이러한 경험은 찬송곡을 정할 때에도 마찬가지입니다. 예배 때에 부르는 어떤 곡은 모두가 다 자신의 고백처럼 느껴집니다. 그러나 어떤 경우에는 부르는 찬송이 너무 낯설고 자신이 처한 상황과 동떨어진 느낌을 받습니다. 여기서 인도자의 영적인 상태와 회중의 상태가 상호 작용을 합니다. 성도들은 어찌 하든지 설교자가 준비한 설교를 들어야 할 것이고 찬송 인도자가 선곡한 곡을 불러야 합니다. 그래서 인도자들은 매주 중요한 책임이 따릅니다.

그렇다면 어느 때에 의지와 소망의 줄이 팽팽해질 수 있을까요? 인도자가 하나님과 화목하고 확신으로 충만해져 있으면 의지와 소망의 줄이 팽팽합니다. 이와 반대로 죄 때문에 하나님과 화목하지 못하고 확신이 약해져 있으면 의지와 소망의 줄이 풀려 있습니다. 이렇게 되면 인도자가 확신이 없기 때문에 확신이 담긴 노래가 부담이 되고 부자연스러워집니다. 도리어 이해 받고 위로 받을 수 있는 노래에 마음이 더 끌리게 됩니다. 의지와 소망의 줄이 느슨해지면 밝고 확신 있는 노래가 선택에서 멀어지고 소극적인 자세에 머무르게 됩니다.

하나님은 정직한 마음을 원하십니다. 곤고한 날, 하나님이 침묵하시는 것 같은 날들이 있을 때 우리는 밝게 노래할 수 만은 없습니다. 어떤 경우에는 벌거벗은 모습으로 죄를 토로하고 하나님과 화목하기 위한 고백들을 선택해야 합니다. 하지만 그렇다 할지라도 하나님을 신뢰하며 의지하는 가운데 고백하는 것은 분명 차이가 있습니다. 따라서 어떠한 상황에서도 예배인도자는 의지와 소망의 줄이 팽팽해야 합니다. 빛을 많이 확보하면 어두움까지 표현할 수 있지만 빛이 없으면 어두움만 표현할 수 있습니다. 확신이 가득하면 모든 감정을 표현할 수 있지만 확신이 없으면 소극적인 감정 밖에 표현할 수 없습니다.

찬송을 인도하든, 설교를 전하든, 기도를 하든, 교회의 소식을 전하는 시간이라 할지라도 하나님은 인도자가 붙들고 있는 의지와 소망의 줄을 사용하십니다. 인도자가 붙든 줄이 팽팽해져 있을 때 성도들은 그런 예배 속에서 영혼의 울림을 경험하게 됩니다. 그러므로 매 순간 성령충만해야 합니다. 그리고 일찍 서두르는 것이 지혜로운 자세입니다. 준비가 늦어 질수록 실패할 가능성을 더 열어 놓게 됩니다. 축구에서 골키퍼는 상대편 공격수가 다가올 때 각도를 최대한 줄이기 위해 서둘러 앞으로 나아가야 하듯 인도자가 실패할 확률을 줄이기 위해서는 일찍 서둘러 준비해야 합니다.

예배인도자와 모든 예배자들가운데 하나님께서 의지와 소망의 줄을 팽팽하게 하시어 역사하시도록 일상 속의 성령충만을 사모합시다.

"그러므로 어리석은 자가 되지 말고 오직 주의 뜻이 무엇인가 이해하라 술 취하지 말라 이는 방탕한 것이니 오직 성령으로 충만함을 받으라 시와 찬송과 신령한 노래들로 서로 화답하며 너희의 마음으로 주께 노래하며 찬송하며" **에베소서 5:17-19**

예배가 보이니
삶이 보인다